정 부 신 뢰

정 광 호 저

法 文 社

머 리 말

신뢰는 사회과학에서 중요한 주제이다. 많은 연구들이 다양한 학문 분야에서 이 주제를 다루어 왔다. 경제학의 경우 도덕적 해이, 거래나 교환, 시장의 성장과 활성화, 경제성장과 같은 주제를 다룰 때 신뢰가 등장한다. Putnam(1993)이 서술한 이태리 남부와 북부의 정치와 경제성과 비교 및 Fukuyama(1995)의 연구는 신뢰가 사회번영에 필수요소라는 것을 수많은 사례들을 이용하여 실증하고 있다. 정치학도 민주주의 근간인 시민참여의 활성화, 정치제도와 정치집단에 대한 신뢰를 통해 신뢰문제를 다룬다. 정치경제적 자원 배분과정이나 제도의 효율성은 신뢰 수준에 따라 크게 달라진다. 사회학에서는 신뢰를 정치기구와 제도, 경제운영의 원리와 규범에 기대되는 또는 공유되거나 합의된 사회적 실체로 본다. 신뢰가 부족할 경우 또는 신뢰가 없어지고 불신이 증가할 경우 사회규범이나 제도는 그 지속가능성을 담보할 수 없기 때문에 사회 존립 자체가 위협을 받는다. 심리학에서는 신뢰를 심리적 인지적 상태나 기대로 보아 의사결정이나 선택의 측면에서 접근한다. 최근에는 생물학에서 옥시토신(oxytocin)이라는 호르몬을 가지고 신뢰를 연구한다. Zak를 비롯한 학자들이 공정성, 행복, 신뢰와 같은 사회규범을 생물학적 측면에서 연구하고 있는데, 이들은 신뢰의 생성이 생물학적 속성과도 연결된다는 증거를 제시한다.

행정학의 경우도 국정운영은 구성원들 사이의 신뢰나 조직구성원과 기관장 사이의 신뢰, 기관들 사이의 신뢰가 높을 때 조정과 협력이 잘 이루어지고, 여기서 행정의 효과성과 정당성이 생겨난다고 본다. 또한 행정이나 정책에 대한 시민의 신뢰가 중요하다. 이러한 신뢰는 각종 국가기관에 대한 신뢰, 행정이나 정책에 대한 신뢰, 국가 지도자나 지도층, 국가 기관 구성원들에 대한 신뢰 등 다양한 공간 속에서 정부신뢰(정부에 대한 신뢰)로 존재한다. 그 밖에도 대인신뢰, 사회신뢰, 정부신뢰가 서로 어떻게 연결되어 있는지도 중요한 연구주제로 주목을 받아 왔다. 또한 사적 신뢰와 국가기관이나 제도에 대한 공적 신뢰가 서로 어떤 연관성 — 서로 대체관계나 보완관계를 형성하는지 또는 구축(인)효과를 수반하는지 — 을 가지는가도 이 분야의 중요한 주제이다. 여기서 본 연구는 정부신뢰에 초점을 맞추어 정부신뢰의 개념, 중요성, 유관 요인에 대한 논의를 정리해보고, 정부신뢰 연구에 있어 미래 주제들을 탐색하고 있다.

정부신뢰라는 개념에서는 신뢰의 개념 구성과 측정에서

제기되는 쟁점들이 그대로 나타난다. 정부신뢰를 기대와 같은 심리적 속성으로 볼 수도 있고, 사회적으로 존재하는 하나의 역사사회적 산물로 볼 수도 있다. 정부에 대한 불신, 정치적 소외, 정부에 대한 만족이나 불만과 같은 개념들과 정부신뢰가 어떻게 연관되어 있는지 아니면 얼마만큼 이들 개념들과 중복되어 있는지 아직 이 부분에 대한 명쾌한 정리가 나와 있지 않다. 정부신뢰가 낮다면 과연 이것이 문제가 되는지, 나아가 문제가 될 만큼 낮은 수준의 정부신뢰는 어떤 지점인지 여전히 논란거리이다. 민주주의 체제의 효과성은 정부에 대한 감시와 비판으로 나온다면, 어느 정도 정부에 대한 불신은 오히려 필수적 요소일 수도 있다. 정부신뢰는 독립변수로 다양한 정치경제적 요소들에 영향을 준다. 민주주의에 대한 효능감이나 민주주의 공고화에 정부신뢰는 긍정적 영향을 줄 수 있다. 또한 경제활동이나 사회안전에서도 정부신뢰는 중요할 것이다. 그래서 이렇게 중요한 정부신뢰는 과연 어떤 경로나 과정을 거쳐 무슨 요인들에 의해 생성되거나 사라지는지 많은 연구자들이 알고자 했다. 현재도 정부신뢰 함수를 어떻게 구성하고, 어떤 요인들이 상대적으로 더 중요한지, 나아가 정부신뢰는 정부를 구성하는 정치인이나 정부기관장과 같은 지도자, 정부구성원, 정부기관이나 제도 그 자체에 대한 신뢰들이 결합되어 나타나는 복합체이다. 이 경우 정부신뢰를 측정하는 작업은 다층적 접근이나 분석을 이용해야 한다.

정부신뢰는 정부 자체의 능력이나 성과에 대한 기대, 정부운영 과정이나 성과, 정부를 바라보는 국민의 사회인구학적 특성, 그리고 정부신뢰가 평가받는 시점과 장소에 따라 달라진다. 정부신뢰는 미시요인들과 거시요인들과 함께 연결되어 있다. 하지만 정부신뢰와 관련된 요인들이 서로 어떻게 영향을 주고받는지 제대로 밝혀지지 않고 있다. 정부신뢰에 영향을 주는 요인들은 대개 거꾸로 정부신뢰에 영향을 받는 관계를 갖고 있다. 이처럼 정부신뢰와 관련된 요인들은 정부신뢰 함수에서 있어 내생성(endogeneity) 문제를 안고 있다. 이러한 문제는 정부신뢰와 유관 요인들을 측정할 때 실험연구나 종단면 자료생성을 통해 해결할 필요가 있다. 그 밖에도 정부신뢰와 정부성과 사이의 연관성에 대한 다양한 연구가설들이 존재한다. 정부신뢰를 역사적 관점에서 그 변천과정이나 거시적 추세를 파악하는 것도 놓쳐서는 안 된다. 정부신뢰에 내재된 시점효과(period effects)나 세대효과(generation effects), 정치경제적 위기(crisis) 뒤에 발생하는 사건효과(event effects) 등에 대한 논의들이 그 사례들이다. 한편 정부신뢰도 상승이나 하락과 같은 사이클(cycle)을 이루고 있기 때문인데, 문제는 어떤 형태의 사이클인지 그리고 어떤 요인들과 연관되면서 사이클이 형성되는지 추가연구가 필요하다.

이 연구를 위해 서울대 행정대학원 한국행정연구소와 한국연구재단의 한국사회과학연구사업(NRF-2010-330-B00031)에서 재정 지원을 해 주었다. 한국행정연구소와 한국연구재단의 지원에 다시 한 번 감사를 드린다. 본 저서는 정부신뢰에 있어 아주 초보적 연구라서 사실 책을 내 놓기도 부끄러울 뿐이다. 그렇지만 앞으로 이 분야 연구에 더욱 매진하여 좋은 연구를 하는 데 밑거름이 되면 좋겠다. 본 연구를 완성하는 데 있어 나의 연구실 학생들이 많은 도움을 주었다. 박사학위 논문을 작성하고 있는 가운데서도 자료 정리 및 편집과정에서 큰 수고를 한 이재완, 김민영, 그리고 박사과정생 최지민, 박은형에게 감사한다. 아빠의 일천한 연구를 예쁘게 격려해준 민서, 윤서 두 딸과 아내에게도 한편으로 고맙고 한편으로 미안한 마음을 전한다.

행정대학원 연구실에서

2011년 12월

차 례

CHAPTER 03 정부신뢰에 관한 주요 쟁점들

CHAPTER 04 정부신뢰 함수의 탐색

CHAPTER 05 마치면서: 정부신뢰의 주요 난제

CHAPTER 01

왜 정부신뢰인가?

CHAPTER 01

왜 정부신뢰인가?

최근 다시 정부신뢰에 대한 관심이 많다. 여러 가지 이유가 있지만 한국의 경우 후쿠야마(Fukuyama)가 지적한 것처럼 가족, 친족, 동창 등 친밀한 집단 내 사적 신뢰는 높지만 공적 신뢰가 낮기 때문이며, 주요 선진국에 비해 부정부패가 많고 공정성도 낮기 때문일 것이다. 이처럼 정부신뢰나 정치신뢰 등 공적 신뢰가 낮을 경우, 사회구성원간 시장거래나 사회관계의 불신으로 거래비용이 발생하여 경제성장, 민주주의 발전, 사회적 안전망에 부정적 영향을 준다. 정부불신이 클 경우 정책결정이나 집행에도 부정적 영향을 준다. 이처럼 신뢰는 국가와 사회의 번영에 필수적인 공공재로서 그 가치가 크다. 그렇지만 지난 수십 년간 선진국을 중심으로 정부신뢰나 사회신뢰가 뚜렷이 감소하고 있다. 물론 덴마크나 북구의 몇몇 나라는 여전히 높은 공적 신뢰를 유지하고 있지만, 대부분의 선진국과 한국 사회는 지속적인 공적 신뢰의 쇠퇴를 경험해 왔다. 이러한 공적 신뢰의 하락 원인에 대한 다양한 진단들이 있어 왔고, 지금도 이에 대한 분석이 진행 중이다.

최근 전 세계적으로 양극화가 심화되고, 각종 경제위기가 원인이 되어 시장거래나 제도에 내재된 공정성이 훼손되면서 부의 독점이나 편중 그리고 각종 도덕적 해이가 만연하여 시장과 정부정책에 대한 불신이 높다.[1)] 한국사회도 소득, 직업, 교육 등 제반 사회적 자원의 배분과 활용에 불평등이 심화되고 고착화되면서 기회균등과 공정한 경쟁이 이루어지고 있는가에 대한 의심이 커지고 있는 실정이다. 이에 한국사회의 정치불신이나 정부불신은 더욱 커지고 있는 것이다. 각종 정책들이 가진 자와 힘 있는 자를 중심으로 또는 이들에게 유리하게 국회, 행정부, 사법부 등에서 다루어지고 있다고 느끼기 때문일 것이다. 사회가 불공정하다고 생각되면 공적 기관이나 제도 운영에 대한 신뢰가 떨어질 수밖에 없을 것이다. 본 연구에서는 이러한 신뢰하락의 동향이나 그 원인에 대한 기존 연구들을 정리해보고, 앞으로

1) 최근 미국 월가를 점령하라는 각종 구호나 시위대 활동들이 이를 잘 보여준다.

필요한 연구과제들을 제안해보고자 한다.

지난 1970년대 Citrin(1974)와 Miller(1974)의 논쟁 이후 1990년대 후반 Nye와 그 동료들이 출간한 책(Nye 외, 1997) 그리고 2001년 Hibbing과 Theiss-Morese가 편집한 책(Hibbing & Theiss-Mores, 2001)에서 정부신뢰의 하락 원인에 대한 다양한 논의들이 있었다. 한편 정부신뢰 논의와 별개로 신뢰는 공동체의 번영과 유지에 핵심 요소라는 주장이 Putnam(1993), Fukuyama(1995) 등의 저서에서 상세히 논의되었고, Knack & Keefer(1997), Levi & Stoker(2000), Hibbing & Theiss-Morse(2001), Knack(2003) 등의 연구에서는 신뢰와 경제성장, 신뢰와 민주주의에 대한 논의 그리고 신뢰의 개념과 속성을 정리하고 있다.

신뢰는 인지적 심리적 속성을 띠지만(Robinson, 1996) 한편에서는 사회적 실체로서 환경과 각종 사건 속에서 형성된 상호작용의 산물로 인식되기도 한다(Lewis & Weigert, 1985). Garfinkel(1967)과 Barber(1983)에 따르면 신뢰는 사회적 교환과정에서 공유된 일련의 기대이며, 사회적 학습과 확신과정을 거처 나온 각종 절차와 규범으로 사회를 유지시켜주는 도덕적 자원의 일종으로 본다. 이처럼 신뢰는 심리적 상태를 의미하며, 일련의 공유된 심리적 기대가 사회적 산물로 규범과 도덕으로 구현된다는 것이다. 또한 Zak를 비롯한 학자들은 생물학적 관점에서도 신뢰 호르몬으로 불리는 옥시토신(oxytocin)의 효과에 대한 실험결과들이 나오면서 대인신뢰나 제도신뢰와 호르몬의 생리적 작용과의 연관성에 대한 연구도 활발하다(Zak & Jensen, 2008). Keltner(2009)에 따르면 인간 본능은 선하고 협력하는 존재이며, Fehr & Fischbache의 연구(2004)에 의하면 신뢰는 공정성을 중시하는 환경이나 제도와 친화성을 가진다.

본 연구에서는 왜 정부신뢰가 중요한지, 정부신뢰와 관련된 요인들은 무엇이 있는지 살펴본 후 앞으로 정부신뢰 연구에 있어서 다루어야 할 주제들을 정리해보고자 한다.

CHAPTER 02

왜 신뢰와 정부신뢰에 주목하는가?

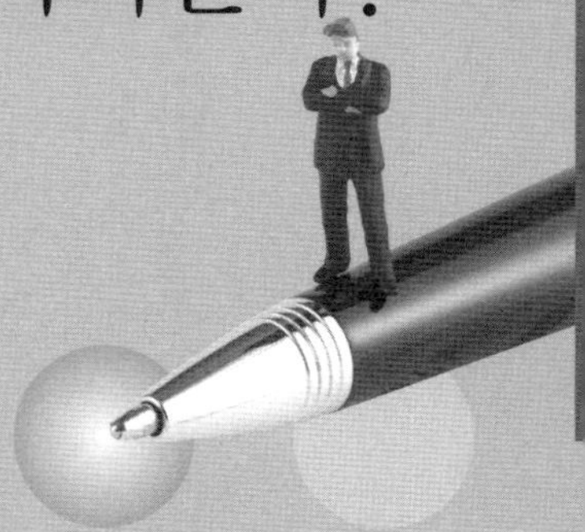

CHAPTER 02

왜 신뢰와 정부신뢰에 주목하는가?

I 신뢰 개념과 주요 연구들

1. 신뢰 개념에 대한 논의

정부신뢰와 관련된 요인을 탐색하기 전에 신뢰 개념에 대해 살펴볼 필요가 있다. 사회과학의 여러 분과학문에서 신뢰를 어떻게 바라보는지 살펴보면 다음과 같다.

1) 심리학적 시각

심리학적 관점에서 볼 때 신뢰는 손실이 예상되는 상황에서도 상대방에 대해 갖는 낙관적 기대(비합리적 선택)로 정의된다. 이처럼 신뢰는 심리적 차원의 인지상태의 일종인데, 타인이 자신의 기대에 맞게 행동할 것이라는 믿음이며, 특히 위험을 감수하더라도 타자를 믿으려는 태도이다(Mayer, Davis, and Shoorman, 1995; 김왕배 · 이경용, 2002: 3 재인용). 상대방에 대한 감시와 통제가 없더라도 그 상대방이 자신의 기대에 부응해서 행동할 것으로 믿는 것을 말한다. Yamagishi (1998)는 신뢰를 사회적 불확실성이 존재함에도 불구하고, 상대에 대한 믿음 때문에 상대가 자신에게 선한 행동을 하리라 기대하는 것으로 정의한다. 특히 심리학적 접근은 신뢰대상의 의도나 동기에 대한 평가자의 판단을 강조한다(박통희, 1999; 김우택 · 김지희, 2001: 14 재인용). 이러한 심리학적 시각에 따르면 정부에 대한 신뢰(이하 정부신뢰)도 국민 개인의 심리적 판단에 근거한다. 이 경우 심리구조와 연관된 요인들인 귀속성(예: 어떤 성별, 지역, 연령, 소득, 직업 집단 등에 속하는가)이나 일체감(예: 국가와 개인이 우리라는 공동의식의 정도), 감정적 호오(好惡)와 같은 변인이 신뢰에 영향을 줄 것이다.

한편 무엇보다 합리적 의사결정의 틀에서 볼 때 신뢰는 기본적으로 상대방에 대한 정보와 경험적 특성에서 비롯된 전략적 행동의 산물이다(Uslaner, 2008). 반면 신뢰를 배신과 위협에 따른 손실을 감내하면서도 상대에게 호의를 베푸는 것으로 정의하기도 한다(Mayer, Davis, & Schoorman, 1995). 다소 난해하지만 신뢰개념을 신뢰대상이 자신의 통제범위를 벗어나서도 여전히 배신하지 않을 것이라는 주관적 확률로 정의하기도 한다(Gambetta, 1988: 김우택 · 김지희, 2001: 14 재인용). 요약하면, 신뢰는 상대의 배신에 따른 위험이나 손해를 감수하더라도 상대를 계속 믿는 것을 의미한다.

2) 경제학적 시각

무엇보다 신뢰생성의 근원을 파악하는 데 있어 강력한 기제는 신뢰에 따른 효용을 강조하는 경제학적 관점이다. 신뢰의 원천으로 효용이나 공감을 강조할 경우 신뢰의 개념은 계산적 차원에서 쉽게 정의할 수 있다. 경제학적 시각에서 신뢰는 믿음에 따른 이익과 배반에 따른 손실을 비교하는 효용이라는 관점에서 정의된다(Coleman, 1990: 99-100; 김우택 · 김지희, 2001: 17 재인용).[2] 역으로 배반에 대한 보복의 두려움 때문에 신뢰자의 기대에 따르는 정도를 신뢰수준으로 정의하기도 한다(Shapiro, Sheppard, & Cheraskin, 1992; 김우택 · 김지희, 2001: 18 재인용). 이러한 효용의 틀에서 정부에 대한 신뢰를 바라볼 때, 정부를 배반하기보다는 신뢰

2) 효용이라는 이해득실에 따른 경제학적 신뢰모형은 다음과 같다. 믿음대로 행동할 확률=P, 배반할 확률=1-P, 이득규모=X1 손실규모=X2라고 하자. 이 경우 신뢰행위 발생[0≤X1*P>X2*(1-P)], 불신행위 발생[0≤X1*P<X2*(1-P)], 미결정 상태[0≤X1*P=X2*(1-P)]로 구분할 수 있다.

할 경우 정부와 상호작용 속에서 더 많은 이득을 얻기 때문에 정부를 신뢰한다고 볼 수 있다. 거꾸로 정부와 관계 속에서 정부에 저항하거나 정부가 정한 규칙을 위반할 경우 — 정부를 배반할 경우 — 여기서 발생하는 제재로 인한 손해 때문에 정부를 신뢰하는 것이 합리적이라 볼 수도 있다. 다시 말해 정부에 대한 신뢰는 국민과 정부 사이의 상호관계에서 발생하는 이득손실의 함수인 것이다. 정부를 신뢰하는 것은 그만큼 국민 개인에게 이득이 발생하기 때문이다.

3) 사회학적 시각

신뢰는 사회제도나 문화라는 맥락 속에서 형성되는 사회적 실체로 보기도 한다(Lewis & Weight, 1985; 김왕배 · 이경용, 2002: 4 재인용). 신뢰는 오랜 시간에 걸쳐 생성되는 사회관계의 산물이다. Garfinkel(1967)에 따르면 신뢰는 일상생활에서 당연하다고 생각하는 일련의 기대로서, 여기에는 사회구성원이 정당하다고 인식하는 절차나 규범을 포함한다(김왕배 · 이경용, 2002: 5 재인용). 특히 사회학적 관점에서 신뢰는 손익계산만으로 설명할 수 없는 사회적 속성으로 정의된다(Lewis & Weigert, 1985). 신뢰란 사회 속에 본래 내재된 규범이나 의무에 바탕을 두고 나타나는 행위이다(Granovetter, 1985: 487-491). 이러한 사회적 접근을 강조하는 연구들은 정부신뢰에 대한 관점을 사회중심적 접근과 제도중심적 접근으로 구분한다(장수찬, 2007). 전자는 토크빌이나 퍼트남처럼 결사체나 회원중심의 사회적 상호작용을 중시한다. 그러나 사회중심적 접근은 국가나 지역사회와 같은 공익적 제도나 기관의 신뢰를 설명하는 데 한계가 있다. 이에 따라 제도적·공식적 차원에서 정부신뢰에 대한 분석도 간과해서는 안 된다. 법규준수, 규칙준수와 같은 규범이나 제도가 견고할 경우 사적 단위의 닫힌 신뢰토양 — 사회중심적 접근에서 중시하는 신뢰 — 이 다른 결사체에도 확산되는 '신뢰전파' 현상이 나타난다(Levi, 1998). 이처럼 사회적 시각은 제도나 관행에 근거해서 직접 신뢰대상을 보거나 접촉하지 않고서도 신뢰가 가능하다는 것 — 사회적 실체로서 신뢰의 속성 — 을 보여준다. 국가와 같은 기관, 각종 제도와 관행, 증명서나 졸업장 등에 대한 신뢰는 바로 사회생활 속 경험을 통해 축적된 정보와 지식이 이들 대상들이 믿을 만하다는 확신을 주기 때문이다. 노동시장에서 취업이나 보수를 결정할 때 학력, 자격증, 과거 경력 등이 신뢰할 만한 정보라고 보는 이유는 이들 제도적 요소들이 취업자에 대한 사회적 평판을 반영하기 때문이다. 정부 자체에 대한 신뢰도 정규교육이나 각종 사회화를 통해 정부를 믿는 것이 정당하고 좋다는 생각을 갖게 되기 때문이다. 또한 사회의 분위기나 관습이 정부는 신뢰할만한 것이라고 사회적으로 규정하기 때문일 것이다. 이러한 사회학적 관점은 신뢰가 경제적 이익이 아니라도 사회적 규범이나 의무와 더불어 존재함을 보여준다. 신뢰가 사회적으로 생성되기 때문인 것이다(Brehm & Rahn, 1997; Lewis & Weigert, 1985). 다시 말해 신뢰는 손익계산만으로 설명되지 않는 비경제적 속성으로 정의된다(Lewis & Weigert, 1985). 이러한 규범적 영향 때문에, 정부에 대한 신뢰는 직접 신뢰대상인 정부와 접촉하지 않고서도 사회화 과정에서 자연스럽게 만들어질 수 있는 것이다.[3)]

3) 이러한 다학문적 접근을 통해 나타난 신뢰개념에는 크게 4가지 공통 속성이 있다(김우택 · 김지희, 2001: 20-22). 이들은 상호의존성, 배반에 따른 위험성, 신뢰주체의 취약성(손해가능성), 상대방을 존중하고 옳다고 믿는 기대(상대방을 명예로운 대상으로 존중)이다. 첫째, 신뢰주체와 대상 사이에 상호의존은 필수적이며 제도나 사회로부터 고립되어 있을 경우 신뢰개념 자체가 무의미하다. 정부와 일반국민 사이의 상호의존성은 점점 커지고 있음을 고려할 때 신뢰가 생성될 가능성은 충분하다. 오히려 지나치게 밀접한 관계로 정부에 대한 실망과 불만이 커지면서 신뢰가 떨어지는 경우가 더 문제가 될 수 있다. 다음으로 신뢰대상에 대한 감시와 보복이 가능할 경우 배반에 따른 위험성이 줄어들지만 기본적으로 이러한 위험성과 상관없이 그 대상에 대한 믿음이 신뢰이기 때문에 신뢰가 깨어질 가능성이 상존한다고 볼 수 있다. 특히 신뢰주체가 신뢰대상 때문에 위험에 처할 취약성 속에서도 그 대상이 신뢰주체에 해를 가하지 않을 것이라고 믿는다. 국민은 정부가 자신을 저버리지 않을 것이라 대개 믿는다. 그래서 단기적으로 손해를 보더라도 장기적으로 이익이 될 것이라 생각하기 때문에 정부에 대한 믿음을 저버리지 않는다. 이는 정부가 없을 경우와 비교할 때 그래도 정부가 있는 편이 훨씬 더 이익이 많다고 생각하기 때문일 것이다. 마지막으로 상대방이 약속이나 계약 없이도 또는 매우 가변적 상황 속에서도 신뢰주체가 기대하는 방향대로 행동할 것이라는 믿음이다. 이러한 신뢰는 상대방의 명예로움을 전제한 것이다. 개인이 아닌 제도나 국가처럼 집합적 존재일 경우에도 국민은 그들의 평판을 믿는다. 즉, 사회적으로 자리 잡은 규범이나 관행 등을 따른다는 것은 이들의 제도들을 존중한다는 의미인데 이는 곧 제도에 대한 신뢰이다. 국가나 정부에 대해서도 동일하게 이러한 논리를 적용할 수 있다. 국가에 대한 신뢰가 있다면 국가가 하는 일들도 존중할 것이다.

2. 신뢰와 관련된 주요 변인들[4)]

신뢰는 자연적 본성으로 인간관계를 형성하는 근본적 본원적 정향이나 태도로 생물학이나 진화론의 관점에서 정의될 수도 있다. 신뢰는 생존과정에서 더 큰 효용을 얻기 위한 것이며, 적자생존에 유리한 요소이기 때문에 자연스럽게 신뢰를 모든 구성원이 좋아하고 이를 공감하는 과정에서 재생산되고 유지되는 것으로 볼 수도 있다. 또한 이렇게 제도화된 산물로 신뢰가 만들어지면 그 다음부터는 사회규범이나 의무와 같은 도덕성으로서 신뢰는 그 자체로 구성원이 자연스럽게 당연시하는 것으로 존재한다. 이처럼 신뢰생성은 생물학적 요소뿐만 아니라 사회관계나 상호작용의 역사적 산물로 볼 수 있다. 구체적으로 신뢰와 관련하여 생물학적 관점, 신체접촉, 신뢰게임과 같은 논의는 신뢰의 다양한

---

4) 국내 문헌 중 신뢰에 대한 종합적 검토와 정리는 박통희(1999)의 논문을 참고할 필요가 있는데 기존 연구의 검토를 통해 이 연구는 신뢰를 신뢰대상(신뢰상대방: 개인, 제도, 기관 등)과 신뢰주체(신뢰자)로 나누고 있다. 신뢰대상의 속성으로 능력, 일관성, 개방성, 배려, 그리고 집단 귀속성과 가치나 이념에 따른 동질성을 강조하고 있으며, 신뢰주체의 경우 이해관계에 따른 인식, 사회관계에 따른 감정과 행태 변인들에 주목할 필요가 있다고 주장한다. 나아가 최근 박통희(2008)의 발표논문에서는 신뢰에 관련된 변인들을 ① 신뢰대상의 특성, ② 신뢰자와 신뢰대상 사이의 관계, ③ 상호작용에 내재된 위험이나 관련 제도로 구분하여 정리하고 있다. 김우택 · 김지희(2001)는 신뢰를 교환관계나 경험과정(신뢰대상에 대한 지식이나 정보), 신뢰형성의 기제(mechanism: 제도화나 제재조치), 신뢰대상의 특성(귀속성, 정체감)으로 분류한다. 그 밖에도 김왕배 · 이경용(2002), 박병진(2007), 이수인(2010)의 연구에서도 신뢰의 다양한 개념이나 속성에 대한 풍부한 논의를 찾아볼 수 있다.

측면을 고찰하는 데 도움이 되는데, 간단히 정리해보면 다음과 같다.

1) 생물학적 관점

생물학적 관점에서 신뢰의 생리적 메커니즘을 살펴보자. 최근 옥시토신(Oxytocin)[5]이라는 호르몬을 다룬 연구들은 정부신뢰 연구에 큰 함의를 준다.[6] 최근 신경이나 뇌를 연구하는 수많은 연구들이 신뢰형성에 옥시토신이 개입되어 있다는 것을 생체실험을 통해 보여준다(Kosfeld 외, 2005; Zak 외, 2005). 옥시토신은 뇌의 시상하부에서 만들어져 뇌하수체에서 혈류로 나오는 호르몬인데, 포용적 인간관계에서 나오며 신뢰와 행복과 관련된 화학물질로 여겨지고 있다(Kosfeld 외, 2005; Zak 외, 2005). 이 호르몬은 자식, 남녀,

---

5) 옥시토신은 원래 분만, 출산, 수유과정에서 나온다. 분만을 유도하고 젖의 분비를 돕는 것이다. 옥시토신은 사람간 신뢰, 협력, 자애나 유대감을 촉진시켜주는 호르몬이기도 하다. 즉, 행복과 관련된 호르몬이 옥시토신이다. 이처럼 옥시토신은 섹스와 출산을 촉진한다. 상대방에 대한 경계심이나 의심을 줄여주고 사랑과 신뢰를 촉진하는 기제가 작동하기 때문이다. 각종 사회관계에서 옥시토신의 효과를 보여주는 연구도 다수 있다. 시장거래에서 상대방을 잘 모르더라도 옥시토신이라는 호르몬을 코에 뿌려주면 그렇지 않은 경우에 비해 상대방에 대한 신뢰가 높아져 거래가 쉽게 성사될 수 있다. 이와 같이 옥시토신은 사회관계와 사회성을 촉진하는 호르몬 역할을 할 수 있는데, 자폐증과 같은 질환에도 치료제로 사용될 수도 있다.

6) Zak & Jensen(2007)에 따르면 인간은 도덕성으로 번영할 수 있다고 주장한다. 특히 신뢰와 관련하여 옥시토신에 기능에 대한 소개나 해설은 KBS <사회적 자본> 제작팀(2011)을 참고하면 된다. KBS <사회적 자본> 제작팀(2011). 「사회적 자본」. 서울: 문예춘추사. 그 밖에 최근 옥시토신과 사회적 행위를 분석한 논문으로 Zak & Jensen(2008), Zak, Fischbacher & Fehr(2005), Kosfeld, Heinrichs, Zak, Fischbacher & Fehr(2005), Zak, Kurzban & Matzner(2005) 등을 꼽을 수 있다.

친구 사이의 유대감에서 나오는데, 실제 포옹이나 섹스를 통해 사랑이 깊어지면서 이 과정에서 상대방에 대한 깊은 신뢰도 함께 형성된다고 한다. 결국 신뢰에 대한 신경과학적 접근은 기존에 인간의 합리적 이성 — 계산된 이익과 냉정한 판단 — 에 의해 신뢰가 만들어진다는 접근과 달리 인간사회의 긴밀한 상호관계 속에서 신뢰촉매제와 같은 옥시토신이라는 물질을 통해 신뢰가 만들어지고 확산될 수 있음을 보여준다. 그럼 신뢰촉진물질인 옥시토신에 영향을 주는 사회요인은 없을까? 아마 신뢰형성에 영향을 주는 각종 사회제도나 환경이 있다면 이는 옥시토신 생성에도 영향을 줄 가능성이 있다. 예를 들어, 법치, 정책의 투명성, 언론매체의 자율성이 옥시토신 형성에 영향을 준다는 것이다. 결국 투명하고 법치 수준이 높은 사회에 거주하는 사람일수록 신뢰의 원천인 옥시토신 호르몬 분비가 왕성할 것으로 추정할 수 있다.[7)]

사회관계 속에서 서로 도움을 주고 받을 때 옥시토신이 왕성하게 분비된다. 반대로 옥시토신의 분비가 사회관계를 호혜와 신뢰로 유도하기도 한다. 다시 말해 상대방으로부터 신뢰를 받으면 옥시토신의 분비가 늘어난다. 모르는 사람으로부터 도움을 받을 경우도 옥시토신이 증가한다. 옥시토신 분비가 왕성해지면 남을 돕고 싶고 신뢰하면서 사회관계의

7) 이와 관련된 내용은 동아사이언스의 「사회적 신뢰의 호르몬 '옥시토신'」(2003년 12월 15일자)을 참고하였다.

선순환이 만들어진다. 이처럼 신뢰는 인류 생존에 유익한 생물학적 특성이다(Zak 외, 2005; Keltner, 2009). 이러한 신뢰를 유발하는 또는 형성하는 생물학적 특성은 약 20만년에 걸쳐 생성되었다고 한다(KBS <사회적 자본> 제작팀, 2011: 82). 결국 신뢰받는 사람일수록 행복해진다. 북구의 여러 나라들에서 높은 행복지수가 발견되는 것도 이들 나라의 높은 신뢰문화와 관련이 있다고 한다(KBS <사회적 자본> 제작팀, 2011: 84).[8)]

경제학의 합리모형에 따르면 인간은 이기적 동물이라 신뢰와 협력과는 거리가 먼 존재로 가정되기도 한다. 그러나 여러 가지 실험이나 협력에 관한 생물학적 연구들에 따르면 인간이 배신보다 신뢰와 협력을 하려는 성향을 가지고 있다고 한다. 예를 들면, 옥시토신으로부터 유발되는 윤리적 행위는 이기적 존재를 가정하는 고전경제학의 기본 전제를 부정한다. 이타적 행동을 하도록 인간의 생물학적 특성이 작동한다고 하면, 경제학의 전제는 이 경우 잘못된 것이다.

최근 이성적 판단에 근거를 둔 합리모형이 아니라 옥시토신이라는 호르몬이 시장의 신뢰관계를 형성하는 데 큰 역

---

8) 옥시토신의 효과에 주목하여 최근 기업의 성과 향상, 각종 갈등해결에 이를 활용하려는 시도가 있다. 하지만 이러한 생물학적 호르몬을 가지고 인위적으로 인간의 감정을 좋게 하여 신뢰나 협력, 공감이나 관용을 만드는 것은 좋지만, 어쩐지 자연의 질서에 인간이 너무 도전적으로 가는 것은 아닌지 걱정이 된다.

할을 할 수 있다는 연구들이 나오고 있다. 예를 들면, 마이클 코스펠드(Michael Kosfeld), 마르쿠스 하인리치(Markus Heinrichs), 폴 잭(Zak), 우르 피셔바쳐(Urs Fischbacher), 에른스트 페르(Ernst Fehr)의 네이처 논문(2005)에 따르면 옥시토신이 상대방에 대한 신뢰를 촉진하여 시장 거래를 활성화하는 것으로 밝혀졌다. 이 연구는 실험대상인 128명의 남성들 중 신뢰실험(trust experiment)에 참여한 58명을 옥시토신 냄새를 맡은 집단(Oxytocin group 29명)과 그렇지 않는 집단(Placebo group 29명)으로 구분하여 투자게임을 시행하였다. 여기서 옥시토신의 냄새를 맡은 집단은 45%가 제3자를 통해 투자를 했지만 그렇지 않은 집단은 단지 21%만 투자했다. 옥시토신을 흡인한 집단의 경우 잘 모르는 제3의 상대를 신뢰하여 투자정도가 상대적으로 높게 나타났다는 것이다.

앞으로 신뢰 연구에 있어 옥시토신이라는 호르몬의 영향뿐만 아니라 인간 자체의 본성이 과연 어떤 경우에 상대적으로 이기적인지 또는 이타적인지 구분할 필요가 있을 것이다. 물론 신뢰는 이타적 관점에서도 발생하지만 장기적으로 더 많은 이익을 얻기 위한 이기적 관점에서도 형성될 수도 있다.

2) 신체 접촉

상대방에게 정중하게 인사를 한다든지 악수, 포옹, 입맞춤 등 신체접촉을 할 때 서로 신뢰가 증가한다(Keltner, 2009; Chapter 9). 적절한 신체접촉은 친사회적 신경계를 자극하여 옥시토신과 같은 신뢰 호르몬을 생성하는 데 도움을 준다. 예를 들면, 지역문제에 대한 청원서에 서명을 해 달라고 요청하는 실험에서 사전에 신체접촉을 한 집단과 그렇지 않는 집단 사이에 차이가 발생했다(Keltner, 2009: 303). 신체접촉을 한 경우 약 81%가 서명을 했지만, 그렇지 않는 집단의 경우 약 55%만 서명을 했다고 한다. 또한 죄수의 딜레마 게임에서도 실험 직전 가볍게 등을 두드리는 등 적절한 신체적 접촉을 한 경우 그렇지 않은 경우에 비해 배신보다 협력을 선택한 경우가 많았다(Keltner, 2009: 303).

3) 신뢰게임: 배려, 협력, 교환 그리고 시장의 역할

각종 신뢰게임이라는 실험을 통해서도 인간은 본래 호혜적 규범 속에서 신뢰를 추구한다는 연구결과들이 많다. 특히 호혜 규범은 신뢰와 공정이라는 두 가지 규범과 함께 존재한다. 위에서 언급한 것처럼 옥시토신 효과는 신뢰게임에서도 그 효과를 발휘한다. 예를 들면, 낯선 사람에게 얼마나 큰 금액을 줄 수 있는지 실험한 사례를 보면, 옥시토신을 흡수한 집단과 그렇지 않는 집단 사이에 상당한 차이가 있다는 것이다(Keltner, 2009: Table 16).

한편 상대방이 배신하거나 불공정한 관계를 유지하고자 할 경우 이를 거부하는 성향을 보인다는 것이다. 이러한 공정성은 베르너 귀스(Werner Güth) 교수의 최후 통첩게임에서 잘 나타난다. 댄 애리얼리의 최후통첩게임에 대한 논의에서도 사람들은 불공정성에 대해 분개한다고 한다(Ariely, 2010). 이러한 불공정성은 서로 돕는 호혜적 존재로 사회적 동물로 서로 얽혀 살아가는 인간의 관계 속에서 배척당할 수밖에 없다. 이러한 인간의 관계적 특성은 호모 리시프로칸(Homo Reciprocan)으로 명명된다. 그 밖에도 손해를 무릅쓰고라도 불공정성을 억제하려는 인간의 '이타적 처벌(altruistic punishment)' 행태를 실증하는 연구들도 있다(Fehr and Fischbache, 2004).[9)]

이러한 신뢰게임의 긍정적 결과는 신뢰가 만들어지거나 지속가능하도록 해 준다는 데 있다. 교환은 신뢰를 낳고, 신뢰는 다시 교환으로 이어진다(Ridely, 2010: Chapter 3). 예를 들면, 이베이(eBay)에서 이루어지는 거래, 위키피디아를 통해 축적되는 지식, 오픈소스 운동 등은 모두 상호 이타적 거래나 교환과 같은 행위의 결과로서 모두에게 이득이 된다. 이러한 신뢰에 기초한 행위들은 관련 집단들에게 이익을 가져다주고, 이들 집단들이 생존에서 비교우위를 가지면서 진화론적 관점에서도 신뢰나 협력을 하는 집단이 자연선택되는 결과를 가져오는데, 여기서 우리는 신뢰가 진화론적으로 확산되는 경로를 발견할 수 있다.

최근 연구결과에 따르면 상업이 발달한 지역에서 신뢰도

9) 침팬지나 꼬리감기원숭이도 불공정한 사안에 분개한다. 인간만큼이나 이들도 불공정성에 저항한다(Ridley, 2010; Chapter 3).

높다. 신뢰가 경제성장에 기여하기 때문이다. 교환이나 시장을 널리 이용하는 사회에서 구성원간 협동, 공정, 배려의 문화가 발전한다. 이는 신뢰와 밀접한 관련을 가진다. 반대로 외부와 접촉이 적은 또는 거래경험이 없는 사회의 경우 거래가 활발한 사회에 비해 상대방에 대한 신뢰가 적다고 한다(Ridley, 2010: Chapter 3). 그런데 집단 내에서 협동이나 신뢰가 깊을수록 집단간 폭력이나 갈등이 더욱 심화되는 경우도 있다. 이는 흔히 동물들 사이에서도 일어나는 현상이지만, 인류의 경우 적대적 관계를 가진 집단이나 사람에게도 협상을 시도하는 등 동물과 다른 교환이나 거래적 속성을 가지고 있다. 이는 신뢰로 이어져 이방인이나 이민족과 거래하거나 교역을 함으로써 인류가 발전해 온 밑거름이 된 것이다.[10)]

4) 신뢰형성과 관련된 변인에 대한 연구사례

신뢰생성과 관련하여 많은 학자들의 논의가 있다. 대표적인 사례들을 정리해 보면 다음과 같다. Zucker(1986)의 경우 신뢰의 생성은 상호과정(process), 신뢰주체의 속성(characteristics), (비)공식적 제도(institutions)와 관련되어 있다고 한다. 다시 말해, 신뢰는 과거 상대방과의 접촉과정에서 형성된 평판이나 경험의 산물이다. 신뢰정도는 신뢰주체

10) 전혀 모르는 사람과 거래를 하고 적대적 관계를 가진 집단과 필요에 따라 거래를 하는 동물은 인간밖에 없다는 것이다(Ridley, 2010: 142). 미어캣(몽구스)이나 어치(새)는 독수리가 언제 나타날 것인지 경계하기 위해 친인척 구성원 중 하나가 자발적으로 본인을 희생하며 경계를 선다. 그러나 이는 친인척이나 동족 내에서 일어나는 자발적 희생인데, 인간을 제외하고는 이들 집단을 초월한 큰 집단에서 이러한 희생을 기대하기 힘들다.

의 사회인구학적 특성이나 정체성과 관련된 변인들에 영향을 받는다. 나아가 신뢰는 신뢰주체가 속한 국가나 지역사회, 사회제도, 조직, 가족의 영향을 받는다. 박병진(2007)은 신뢰생성을 사회관계적 원천과 제도적 원천으로 구분한다. 사회관계적 원천은 사적 관계망이나 시민참여 등을 통해 만들어지는데 이러한 관계적 · 사회적 자본의 형성이 신뢰생성으로 이어진다는 것이다. 한편 제도적 원천은 국가기구나 공식제도의 성과나 평판 때문에 신뢰가 생성되는 것이다. 나아가 이들 제도들은 인위적으로 시민교육이나 다양한 프로그램을 통해 신뢰형성에 주도적 역할을 할 수도 있다. 한편 일반신뢰와 제도신뢰 사이의 연관성을 다룬 연구들을 살펴보면, 정부신뢰가 어떤 과정을 통해 형성되는지 이해하기 쉽다. 이와 관련하여 논의되는 주제는 타인에 대한 신뢰와 정부에 대한 신뢰가 서로 어떻게 연결되어 있는가이다.[11] 대개 타인에 대한 신뢰가 높을수록, 국가에 대한 신뢰도 높다. 반대로 정부에 대한 신뢰가 높다면 타인에 대한 신뢰도 높을 것이다. 그런데 권위주의 체제를 경험한 나라의 경우 [타인신뢰의 증가 → 사회신뢰의 증가 → 정부신뢰의 증가]라는 선순환이 아니라 반대로 [정부불신의 증가 → 사회 불신의 증가 → 타인 불신의 증가]라는 악순환이 형성된다(장수찬, 2002).

11) Inglehart(1999)에 따르면 타인신뢰와 정부신뢰의 관계는 분석자료의 수준에 따라 달라지기도 한다. 개인단위의 미시분석에서는 타인신뢰가 정부신뢰로 연결되지 않지만, 국가수준의 집합적 분석에서는 타인신뢰가 정부신뢰와 연결된다고 한다(박병진, 2007: 79 재인용).

II 정부신뢰의 개념

위에서 살펴본 것처럼 신뢰는 자연스런 속성일 수도 있지만, 인간의 심리적, 경제적, 사회적 측면에서도 그 형성과정을 파악할 수 있다. 이러한 논리는 정부에 대한 국민의 신뢰를 분석할 때도 적용할 수 있다. 정부에 대한 믿음이나 기대는 각 나라의 역사적 배경과 문화를 갖고 있다. 어떤 국가의 경우 정부에 대한 신뢰보다 개인 자신의 책임이나 능력을 더 신뢰할 수 있다. 나라에 따라서는 '큰정부'보다는 '작은정부'를 선호할 수 있고, 이로 인해 국가의료보험과 같은 거대한 정부개입을 싫어할 수 있다(Lipset, 1996). 최근의 동향을 보면 전 세계적으로 거의 모든 나라에서 정부신뢰는 하락했지만,[12] 각 나라마다 집단주의(collectivism)나 개인주의(individualism) 성향에 따라 정부신뢰 수준의 변화는 다른 양상을 보인다. 이처럼 정부신뢰는 주관적 인식이라는 특성

---

12) 오늘날 관찰되는 정부신뢰의 감소는 덴마크와 같은 소수의 나라를 제외한 대부분의 나라에서 나타나는 전세계적 현상이다. 미국의 경우, 1964년 국민의 3/4이 연방정부를 신뢰하는 것으로 나타났으나 30년 후에 1/4 이하의 수준으로 저하되었다. 캐나다, 영국, 이탈리아, 스페인, 벨기에, 노르웨이, 스웨덴, 아일랜드 등 다수 서구제국에서도 정부에 대한 국민의 신뢰도가 추락하였으며, 일본 역시 전통적 신뢰대상이었던 관료층에까지 불신이 확산되었다(Nye 외, 1997).

때문에 이에 대한 정의가 쉽지 않지만, 아래에서는 지금까지 논의된 정부신뢰에 대한 개념을 살펴보고자 한다.

일반적으로 정부신뢰는 정부성과나 산출물에 대한 평가 또는 정부가 국민의 기대에 부응하는 정도로 정의한다(Hetherington, 1998). 다시 말해 정부신뢰를 정부에 기대하는 긍정적 태도나 지지로 정의한다(손호중 · 채원호, 2005; 서문기, 2001). 나아가 위험이나 손해를 감수하더라도 일관되게 정부를 믿는 것으로 정의할 수 있다(Gambetta, 1988; 김우택 · 김지희, 2001: 14 재인용). 즉, 신뢰는 정부 때문에 손해를 보더라도 이를 감내하고 여전히 정부를 지지하는 것을 말한다(이달곤, 2008).

그러면 구체적으로 정부신뢰의 속성을 어떻게 정의하는지 관련 연구들을 찾아보자. 나이(Nye)와 그 동료들에 따르면 정부신뢰는 크게 정부가 무슨 일을 하는가(정부의 업무영역), 정부가 그 일을 얼마나 잘 하는가(정부의 능력과 성과), 그리고 정부가 하는 이런 일들이 국민들에게 어떻게 비치는가(국민이 정부를 바라보는 틀)라는 차원에서 분석된다(Nye 외, 1998). 장수찬(2007)의 경우 정부신뢰를 사회중심적 접근과 제도중심적 접근에 따라 구분한다. 전자는 토크빌이나 퍼트남처럼 결사체나 회원 중심의 사회적 상호작용을 중시한다. 반면에 후자는 공적 제도나 기관에 대한 신뢰를 더욱 중시한다. 이러한 양분법은 사적 차원의 사회자본에 의한 정부신뢰와 공적 차원의 규범이나 공익을 중시하여 생성되는 정부신뢰가 다르다는 것을 강조한다. 특히 서구의 주요 선진국들처럼 준법이나 규칙준수 등 강력한 공적 차원의 규범이 존재해야 사회연결망 내에서만 존재하는 폐쇄적 신뢰구조가 다른 사회적 관계망 속으로 관통하여 확대되는 신뢰의 외부화 현상(Levi, 1998)이 나타난다.

그런데 한국사회의 경우 사적 신뢰와 공적 신뢰가 연계되는 신뢰전이 현상을 찾아보기 어렵다. 나아가 신뢰에 대한 개념을 심리적, 경제적, 사회적 차원에서 접근할 수 있는 것처럼 정부신뢰도 국민들의 심리적 차원(정부에 대한 심리적 호감 정도), 경제적 차원(정부로 인해 혜택을 보는 정도), 사회적 차원(사회적 상호작용 속에서 정부를 바라보는 규범적 시각)의 함수로 접근할 수 있을 것이다. 이처럼 정부신뢰는 다양한 차원에서 조망해 볼 필요가 있다. 흔히 정부신뢰를 정부성과나 산출물에 대한 평가 또는 정부가 국민의 기대에 부응하는 정도(Hetherington, 1998)로만 볼 경우, 정부신뢰에 대한 주관적 기대나 경제적 측면에만 집착한 좁은 개념이 될 것이며, 역사나 사회적 산물로서 형성된 정부신뢰의 측면을 간과할 우려가 있다.

정부신뢰는 정부에 대한 긍정 또는 부정의 태도, 정부에 대한 지지의 정도를 의미한다.[13] 정부신뢰를 측정할 때 대다수의 설문문항들이 '정부에 대한 호불호의 정도'에 초점을 두는 것도 이러한 정부신뢰의 개념정의와 관련되어 있다.[14] 다시 말해 정부신뢰는 정부에 대한 시민의 주관적 인식의 함수이며, 신뢰개념을 정부에 대해 일반시민이 믿을 만하다고 인식하는 정도로 측정된다.[15]

정부신뢰는 시간과 공간, 대상에 따라 다양하게 조망되어야 한다. 무엇보다 정부신뢰에 대한 인식정향은 동태성을

---

13) 국내 문헌 중에서 신뢰에 대한 정리는 박통희(1999)의 논문이 도움이 된다. 기존 연구의 검토를 통해 이 연구는 신뢰를 신뢰대상(신뢰 상대방: 개인, 제도, 기관 등)과 신뢰주체(신뢰자)로 나누고 있다. 신뢰대상의 속성으로 능력, 일관성, 개방성, 배려, 그리고 집단 귀속성과 가치나 이념에 따른 동질성을 강조하고 있으며, 신뢰주체의 경우 이해관계에 따른 인식, 사회관계에 따른 감정과 행태 변인들에 주목할 필요가 있다고 주장한다. 나아가 최근 박통희(2008)의 발표논문에서는 신뢰에 관련된 변인들을 ① 신뢰대상의 특성, ② 신뢰자와 신뢰대상 사이의 관계, ③ 상호작용에 내재된 위험이나 관련 제도로 구분하여 신뢰의 원인을 정리하고 있다.

14) 미국이나 한국의 경우 대개 정부신뢰는 응답자의 주관적 관점에 근거한 서열척도 설문문항을 사용하고 있다. 한국사회조사(Korean General Social Survey: KGSS)의 경우 정부기관에 대한 신뢰는 5점 리커트 척도로 측정하고 있다. 미국의 일반사회조사(General Social Survey)에서도 정부신뢰를 다음과 같이 서열척도로 묻는다.
[How much of the time do you think you can trust the government in Washington to do what is right? ① Just about always, ② Most of the time, ③ Only some of the time, ④ Almost never, ⑤ Don't know]

15) 정부신뢰는 학계에서는 주로 정치적 신뢰(political trust)로 명명되고 있으며, 국민이 정부에 대해 갖는 태도이다. 여기서 신뢰는 정부가 믿을 만하다(trustworthiness)는 것과 제도적 신의(confidence in institution; 대인관계와 같은 신뢰가 아님)를 포함한 개념이다. 한국갤럽조사에 사용한 신뢰설문은 이미 미국 GSS(General Social Survey) 및 ANES(American National Election Study)에서 사용하는 설문의 내용을 원용하고 있는데, 이들 정부신뢰에 관한 설문들은 위에서 언급한 신뢰개념들을 포괄하고 있다. 신뢰개념 자체의 측정에 관한 논의로는 Glaeser, Laibson, Scheinkman, & Soutter(2000)가 있으며 정부신뢰의 측정이나 조사에 대해서는 Chanley, Rudolph, & Rahn(2000)의 논문이 유익하다.

띤다. 정부신뢰는 상당기간 동안 정부제도나 정부기관의 성과에 대한 국민의 기대수준뿐만 아니라 본래 정부에 대해 국민이 갖는 태생적 정향성도 포함한다.[16] 그렇지만 단기적으로도 정부의 성과에 따라 정부신뢰는 급격하게 변동하는 가변성도 띤다. 한편 정부신뢰는 신뢰주체와 신뢰대상을 둘러싼 신뢰환경, 신뢰대상의 특성(성과), 신뢰주체의 특성(응답자의 사회인구학적 변인), 신뢰주체와 대상의 상호작용 과정 특성에 따라 정부의 신뢰수준이 달라질 것이다. 이러한 접근은 중앙정부뿐만 아니라 지방정부 나아가 의회, 사법부, 군대, 경찰, 국공립학교나 병원 등 다양한 정부기관들의 신뢰에 적용될 수 있다.

III 왜 정부신뢰가 중요한가?

신뢰는 거래비용을 줄이고 집단적 의사결정의 효율성을

---

16) 본 연구에서는 국민의 정부에 대한 신뢰수준을 5점 순서척도에 근거해 측정하고 있다. 한국사회조사(Korean General Social Survey: KGSS)에서도 정부기관에 대한 신뢰는 5점 리커트 척도로 측정하고 있다. 미국의 일반사회조사(General Social Survey)에서 사용하는 정부에 대한 신뢰 문항은 다음과 같이 서열척도 방식으로 묻고 있다.
[How much of the time do you think you can trust the government in Washington to do what is right? ① Just about always, ② Most of the time, ③ Only some of the time, ④ Almost never, ⑤ Don't know]

높인다. 특정 사회의 신뢰가 높을수록 감시나 모니터링 비용이 적고, 의사결정의 불확실성이 감소하기 때문에 사회운영의 효과성이 높아진다. 이는 마을과 같은 지역공동체, 각종 공조직이나 사조직들, 국가 등 집합적 의사결정이 필요한 조직에는 모두 적용될 수 있다. 나아가 최근에는 국가차원에서 신뢰가 중요한 이유로 경제성장과 민주주의 관점에서 그 긍정적 영향이 주목을 받고 있다. 경제성장을 이룩한 국가는 신뢰를 통해 자원과 서비스의 거래비용을 줄이고 대규모 조직 내 구성원들의 상호 협동을 유발할 수 있었다. 이와 더불어 민주주의도 한층 더 발전할 수 있다. 근래에도 여전히 정부신뢰는 경제발전과 번영, 민주주의와 정부운영에 있어 핵심 변인으로 다루어진다(Nye, Zelikow, & King, 1997). 퍼트남(Putnam, 1993)과 후쿠야마(Fukuyama, 1995)에 따르면 신뢰는 사회자본의 핵심으로 국가와 지역사회의 번영과도 직결된다.[17] 그렇지만 정부신뢰는 덴마크처럼 예외는 있지만 거의 대부분의 나라에서 지속적으로 감소해 왔다. 도대체 정부가 국민들을 어떻게 대하고 무슨 일을 했으며, 어떻게 비추어졌기에 이런 정부불신 현상이 심화된 것일까? 이러한 질문들은 무엇보다 정부를 이해하는 데 있어

17) 퍼트남은 이태리 북부의 경우 수평적 자발적 결사체가 풍부하여 높은 신뢰사회가 만들어졌지만, 이태리 남부의 경우 수직적 착취문화와 수평적 배신문화가 강해 불신이 큰 사회가 되었다고 한다. 후쿠야마는 사회자본의 핵심개념으로 신뢰를 들고, 경제발전이 고신뢰 사회와 저신뢰 사회의 차이와 관련되어 있음을 강조한다. 여기서 고신뢰 사회는 자발적 사회성, 즉 강한 공동체적 연대를 가지고 있지만, 저신뢰 사회는 공적 규범이나 기업활동 등이 가족지향적이며 중간조직이 허약한 미성숙 시민사회이다.

매우 중요하다. 정부가 무슨 일을 왜 얼마나 잘하고 있는지 그리고 국민들은 이를 어떻게 인식하는지에 대한 질문을 통해 정부에 대한 이해를 높일 수 있기 때문이다. 아래에서는 정부신뢰의 최근 동향과 주요 쟁점을 살펴보고자 한다.

1. 정부신뢰의 급속한 하락

정부신뢰는 정치학뿐만 아니라 행정학이나 정책학에서도 주요 관심 주제로 논의되어 왔다. 여기서는 Nye, Zelikow, King 등이 편집한 “Why people don’t trust government”를 중심으로 미국 정부에 대한 신뢰도 하락과 이를 둘러싼 함의를 살펴보고자 한다.

Nye 등이 편집한 저서(Nye, Zelikow & King, 1997)에 따르면, 미국 정부에 대한 신뢰도 감소원인으로 다음과 같은 것을 꼽고 있다.

미국의 경우 절대왕권에 대한 시민의 권리보호라는 시민혁명을 바탕으로 탄생했기 때문에 거대정부에 대한 거부감이 역사적으로 자리 잡고 있다. 즉, 정부가 어떤 일을 해주기보다는 국민의 일상에 간섭하지 않기를 원하는 것이다. 이러한 정부에 대한 불신은 미국에 있어서 전국민 의료보험과 같은 거대한 정부 프로그램의 도입을 반대하는 논거로 거론되기도 한다. 즉, 강력한 중앙정부를 요구하는 알렉산더 해밀턴과 같은 관점이 아니라 토머스 제퍼슨과 같은 작은 정부를 선호하는 관점에서 볼 때 정부불신은 자연스러운 현상이라 할 것이다. 정부불신을 거대정부에 대한 국민의 경계심과 견제기능으로 본다면 굳이 정부신뢰 감소를 부정적으로만 볼 필요는 없는 것이다. 그렇지만 정부에 대한 신뢰가 떨어지면 정부가 무능하다고 생각하며 정부권위를 우습게 알 것이다. 이로 인해 정책이나 행정에 대한 신뢰가 사라지고 공공서비스에 대한 불만이 고조되면서 국가에 대한 헌신과 존경심이 사라질 것이다. 이 경우 국가 존립 자체가 위험하다. 민주주의 체제도 정부불신으로 인해 정치에 대한 냉소주의가 만연하고 시민참여가 사라질 것이다. 공동체를 구성하고 운용하는 기구에 대한 신뢰가 사라질 경우 곧 무정부적 상태에서 각종 집합적 행동에 있어 무임승차와 도덕적 해이가 난무하는 정글만 남을 것이다.

미국 국민들이 정부를 불신하는 가장 큰 이유로 정부가 예산을 비효율적으로 사용하며, 그것도 정작 필요한 데 사용하지 않고 쓸데없는 곳에다 낭비하기 때문이라고 한다. 이는 정부의 비대화와 연결되어 있다고 판단할 수도 있다. 하지만 정부뿐만 아니라 전후 함께 성장했던 기업, 대학 등도 함께 신뢰도가 감소하고 있다. 따라서 정부가 비대해졌기 때문에 이에 대한 신뢰가 감소했다고 볼 수만은 없다는 것이다. 여기에는 다른 여러 가지 이유들이 복잡하게 얽혀 있다. 정부에 대한 신뢰감소를 설명하는 여러 관점들이 있다. 예를 들면, 정쟁만 일삼는 정치행태, 고위공직자의 부패나 스캔들, 정부에 대한 높은 기대감, 정부에 대한 부정적 언론보도 행태와 같은 요소를 꼽는다.

다른 선진국들과 유사하게 미국의 경우도 지난 2차 세계대전 이후 정부에 대한 국민의 신뢰는 지속적으로 감소해 왔다.[18] 1958년 처음 실시한 연방정부에 대한 신뢰도 조사에 따르면 73% 정도가 '항상' 또는 '거의 대부분' 옳은 일을 하고 있다고 응답했다. 그 후 1964년까지 미국 시민의 75% 정도는 연방정부가 하는 일이 대체로 옳다고 믿었다. 하지만 연방정부에 대한 신뢰도는 그 이후 계속 감소하였는데, 1968년 61%, 1974년 36%, 1980년 25% 수준까지 떨어졌다(Blendon 외, 1997). 1997년 미국 정부신뢰도 조사에 따르면 연방정부 22%, 주정부 32%, 지방정부 38%로 나타났는데, 연방정부에 비해 지방정부의 신뢰수준이 상대적으로 높다(Nye, Zelikow, and King, 1997: 1).

18) 다만 여기에는 몇 가지 예외가 있다. 먼저 대부분의 선진국에서 정부에 대한 신뢰는 감소해 왔지만 덴마크는 그렇지 않았다. 유럽의 경우 기업에 대한 신뢰도가 상승해 왔다고 한다. 또한 미국의 경우 1970년대 이후 군대의 신뢰도 수준이 예측보다 높게 나타났다. 그리고 대부분의 연방정부기관이나 의회 등에 대한 신뢰도 감소에도 불구하고 연방준비제도 이사회, 증권거래위원회, 환경보호청 같은 기관들의 경우 신뢰도 수준은 상대적으로 높다. 한편 전후 미국 정부에 대한 신뢰도 수준은 계속 감소했으나 레이건 대통령 첫 번째 임기 동안(1980~1984년) 잠시 상승했다가 다시 떨어졌다. 그리고 클린턴 대통령 첫 번째 임기 후반부에 다시 11% 정도 상승하면서 회복세를 보였으나 그 이후 다시 하락했다.

1) 주요 선진국의 경우

지난 2차 세계대전 이후 정부에 대한 국민의 신뢰는 지속적으로 감소해 왔다. 지금까지 신뢰수준은 공적 신뢰와 사적 신뢰 모두 하락하는 것이 일반적 추세이다. 특히 지난 1980년대 이후 한국을 포함한 '민주화 이행'을 경험한 국가들은 '공적 신뢰(公的 信賴) 하락'과 '대인신뢰 하락'을 함께 나타났다(장수찬, 2007).

표 2-1 미국 정부에 대한 신뢰수준

연도	1958	1964	1966	1968	1970	1972	1974	1976
신뢰 정도	49%	52%	61%	45%	39%	38%	29%	30%
연도	1978	1980	1982	1984	1986	1988	1990	1992
신뢰 정도	29%	27%	31%	38%	47%	34%	29%	29%
연도	1994	1996	1998	2000	2002	2004	2008	
신뢰 정도	26%	32%	34%	36%	43%	37%	26%	

주: 신뢰지표 계산방식: 정부를 얼마만큼 신뢰하는가에 대한 질문을 근거로, None of the Time=0 점, Some of the Time=33점, Most of the Time=67점, Just About Always=100점으로 환산한 것임.
출처: The American National Election Studies.
웹사이트 주소: http: //www.electionstudies.org/nesguide/toptable/tab5a_5.htm

미국의 경우 1958년 처음 실시한 연방정부에 대한 신뢰도 조사에 따르면 73% 정도가 '항상' 또는 '거의 대부분' 옳은 일을 하고 있다고 응답했다. 그 후 1964년까지 미국 시민의 75% 정도는 연방정부가 하는 일이 대체로 옳다고 믿었다. 하지만 연방정부에 대한 신뢰도는 그 이후 계속 감소하였는데, 1968년 61%, 1974년 36%, 1980년 25% 수준까지 떨어졌다(Blendon 외, 1997). 1997년 미국 정부신뢰도 조사에 따르면 연방정부 22%, 주정부 32%, 지방정부 38%로 나타났는데, 연방정부에 비해 지방정부의 신뢰수준이 상대적으로 높다(Nye, Zelikow, and King, 1997: 1). 그렇지만 분명한 것은 정부신뢰도는 지속적으로 감소해 왔다는 것이다. <표 2-1>에서 보는 것처럼 미국의 경우 정부신뢰에 대한 지속적 감소현상이 나타나고 있다. 다만 레이건 정부 2기 시절인 1986년, 클린턴 정부 2기 시절 2000년 초반에 정부신뢰가 다소 회복되지만 그 뒤 다시 감소하면서 계속해서 쇠락하고 있다.

2) 한국의 경우

우리의 경우도 정부에 대한 신뢰는 낮다. 이전 자료와 비교가 어렵지만, 최근 서울대학교 행정대학원과 한국갤럽이 공동으로 조사한 자료(2007년~2009년)에 따르면 중앙부처를 신뢰한다고 응답한 비율이 10% 정도이며, 시군구 지방정부의 경우 20% 내외에 불과하다. 국회의 경우 5% 정도이며, 사법부의 경우 10~15% 정도에 머물고 있다.

표 2-2 최근 주요 정부기관 신뢰도 현황

대상	연도	불신 (%)	중간 (%)	신뢰 (%)	평균점수 (만점 100점)
국회	2007년	73.5	23.5	3.0	23.4
	2008년	76.0	21.0	3.0	19.8
	2009년	67.4	27.1	5.5	27.6
사법부	2007년	46.7	40.4	12.8	37.9
	2008년	49.1	41.1	9.9	36.1
	2009년	43.1	41.9	15.0	41.1
중앙 행정부처	2007년	46.7	45.7	7.5	36.7
	2008년	45.1	47.5	7.2	35.9
	2009년	37.9	50.1	11.7	41.7
시청/군청/구청	2007년	27.0	48.7	24.3	48.6
	2008년	25.3	52.2	22.5	47.8
	2009년	22.5	57.7	19.8	48.7

자료: 서울대 행정대학원 시민인식도 조사 자료를 분석함.

정부신뢰에 관한 시계열자료가 없어 시대적 추세를 체계적으로 파악하기는 어렵지만, 정부신뢰는 매우 낮아 보인다. 이는 과거 이루어진 주요 조사결과에서도 잘 나타난다. 2005년 KDI 국제정책대학원 조사에 따르면 민간보다 공공부문의 신뢰수준이 상대적으로 낮다. 10점 만점기준(최고 신뢰=10점, 최고 불신=0점)으로 볼 때 교육기관 5.4, 시민단체 5.4, 언론 4.9, 군 4.9, 대기업 4.7, 노조 4.6, 경찰 4.5, 법원 4.3, 검찰 4.2, 지자체 3.9, 중앙정부 3.4, 정당 3.3, 국회 3.0

으로 나타났다. 국회와 정당이 제일 큰 불신을 받고 있었고, 중앙정부도 그 신뢰수준은 다른 기관에 비해 바닥권으로 나타났다.

또한 지난 2002년 세계경제포럼(WEF)이 발표한 46개국 조사[19]에 따르면, 법조계 31%, 정부 25%, 국회 11%로 나타났다. 이는 다른 기관에 비해 상대적으로 낮은 수치이다. 당시 시민단체의 경우 76%로 가장 높은 신뢰를 받고 있었고, 노동계 57%, 군대 56%, 종교계 51%, 언론계 48%, 교육계 47%, 의료계 44%, 경찰 37%, 대기업 35%로 나타났다(조선일보, '기관신뢰도, 시민단체 76% 가장 높아' 2002년 11월 18일). 또한 지난 1996년 한국개발연구원 국제정책대학원이 발표한 직업인들의 정직 및 윤리성 평가에 따르면,[20] 가톨릭 신부의 경우 응답자의 63%가 긍정적으로 평가했다. 반면 장관 및 고급공무원 12%, 경찰 14%, 시·군·읍·면 공무원 17%, 국회의원 7.7%로 나타났다. 그 밖에 대학교수 48%, 승려 45%, TV기자 및 아나운서 43%, 목사 42%, 교사 41%, 판사 40%, 신문기자 39%, 의사 38%, 검사 37%, 변호사 35%, 약사 29% 순으로 나타났다(서울신문, 1996년 2월 17일자, 22면).

---

19) 갤럽 인터내셔널에 의뢰해 실시한 이 조사는 46개국 성인 3만6,433명을 대상으로 2002년 7월부터 9월까지 실시했으며 한국의 경우 조사된 표본은 1,525명이다.

20) 이 조사는 한국갤럽조사연구소가 1995년 11월 13일부터 보름 동안 전국의 20세 이상 남녀 1천5백64명을 대상으로 조사한 「직업인들에 대한 윤리수준 평가」 결과이다.

2. 정부신뢰의 하락이 문제가 되는가?

정부신뢰의 하락은 정부가 주도적으로 많은 일을 할 때 현실적으로 문제가 될 것이다. 그렇다면 정부역할이 최소화되고 그 존재에 대해 국민들이 인식하지 못할 정도로 그 존재감이 약할 경우 정부신뢰 하락에 대해서 걱정할 필요는 없을 것이다. 예를 들면, 미국 건국의 아버지 중 한 명인 알랙산더 해밀턴처럼 강력한 중앙정부의 존재를 인정할 경우 정부신뢰가 국가운영에 중요할 것이지만, 그렇지 않을 경우 대개 낮은 정부신뢰에 대해 무방하다는 입장을 보인다. 기본적으로 정부권력이나 역할을 불신하는 강한 정부에 대한 견제를 강조하는 토마스 제퍼슨의 견해를 따를 경우 정부에 대한 신뢰하락은 오히려 정부와 시민 사이의 건강한 관계를 반영하다고도 볼 수 있을 것이다(Nye, 1997: 2-3).

한국처럼 정부의 힘이 강력했고, 경제나 사회개발에 있어 정부역할이 클 때 정부불신은 상당한 문제를 낳을 수도 있을 것이다. 과거 개발시대나 전두환 정부 시절처럼 민주화 이전에 오히려 정부의 역할이나 권위에 대한 신뢰가 민주화 이후보다 더 높았던 것 같다. 반면 민주화 이후 낮아진 정부신뢰는 정부 역할이 감소했음을 고려할 때 그렇게 심각한 문제로 바라보아야 할 것인지 아니면 시민사회의 성장과 정부에 대한 견제와 감시기능의 강화로부터 나온 자연스럽고 바람직스런 사회 현상으로 바라보아야 할지 논란이 있을 수 있다. 대체로 민주화 이후 민주주의 공고화를 위해서는 정부를 포함한 각종 공식제도에 대한 신뢰가 높아야만 한다고 주장하나 그 이유나 논거가 명확하지 않다. 민주주의를 구성하는 각종 제도의 효율성을 담보하기 위해서는 이들 제도에 대한 신뢰가 전제되어야 한다고 주장하지만, 한국의 경우 민주화 이후 기존의 제도 또는 민주화 과정에서 만들어진 제도에 대한 검증이 별로 없었다는 점을 고려하면, 민주화 이후 각종 공식제도에 대한 지속적 신뢰하락은 이러한 정치검증의 산물로 보아야 할 것이다. 앞으로 이러한 검증이 이루어지면서 제도의 성과나 운영에 대한 적정수준의 신뢰가 형성될 것으로 기대할 수 있다. 물론 한국사회에서 적정수준의 신뢰가 어느 정도인지 가늠하기는 어렵지만, 각종 공식제도에 대한 적정수준의 감시와 견제가 늘 필요하다고 한다면, 60% 내외의 신뢰 수준을 확보한다면 제도운영에 큰 문제가 없다고 볼 수도 있다. 물론 실제 어느 정도 신뢰를 받아야 제도운영의 민주성이나 효과성을 확보할 지는 앞으로 실증적으로 규명되어야 할 것이다.

CHAPTER 03

정부신뢰에 관한 주요 쟁점들

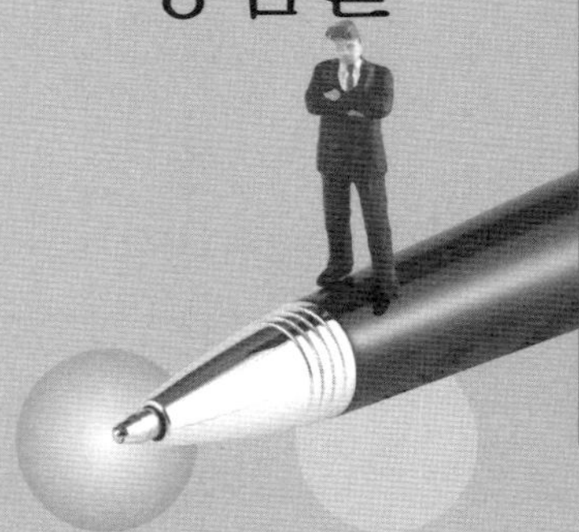

CHAPTER 03

정부신뢰에 관한 주요 쟁점들

I 정부신뢰를 둘러싼 큰 질문들

지난 수십 년간 대부분의 선진국들을 중심으로 정부신뢰가 지속적으로 감소해 왔다. 정부신뢰뿐만 아니라 군대, 학교, 병원, 사법부, 의회 등 각종 공식적 제도에 대한 신뢰도 계속 감소해 왔다(Nye 외, 1997). 이를 두고 학계에서 정부신뢰가 역사적으로 얼마나 하락해 왔고 그 원인이 무엇인지를 파악하기 위해 노력하고 있다(Nye 외, 1997). 그런데 정부신뢰의 하락이 무엇 때문인지 여전히 풀리지 않고 있다. 최근 주요 선진국 정부신뢰에 관한 자료들을 보면 몇몇 예외적 사례들을 제외하고는 정부신뢰가 지속적으로 감소해 왔다. 한편으로 이러한 정부신뢰의 저하가 진정 문제가 되는 것인가라는 논란도 있다. 나아가 정부신뢰 연구에 있어 더욱 심각한 것은 정부신뢰의 하락에 대한 다양한 원인들이 거론되지만, 어떤 요인들이 상대적으로 정부신뢰 형성과 변화에 더 큰 영향을 주는지 그리고 정부신뢰에 대한 영향요인들 간의 동태적 인과경로는 어떤지 여전히 미궁으로 남아 있다는 사실이다.

첫째, 낮은 정부신뢰가 과연 문제가 되는가라는 질문이다. 이는 적정 수준의 정부신뢰가 존재하는가에 대한 질문과도 연결된다. 정부신뢰는 정부에 대한 끊임없는 비판과 감시를 전제로 한 민주주의에서 높아지기 어렵다는 주장이다. 높은 정부신뢰가 민주주의 운영의 효과성을 높인다는 주장도 있지만, 한편에서는 정부가 잘한 것보다 잘못한 것에 초점을 두고자 하는 민주주의의 작동논리 때문에 시민사회나 언론매체는 정부와 늘 긴장관계를 유지하고 이로 인해 정부신뢰가 높아지기 어려운 맥락도 간과해서는 안 될 것이다. 현재 낮다고 평가되는 정부신뢰 수준이 과연 민주주의 운영에 걸림돌이 될 만큼 문제가 되는 것인가에 대한 논란이 존재한다. 오히려 현재의 낮은 정부신뢰 수준이 현실적으로 나타날 수 있는 수준이라는 것이다. 여전히 민주주의나 헌정체제에 대한 신뢰는 매우 높기 때문에, 낮은 정부신뢰는 그렇게 걱정할 문제가 아니라는 것이다.

둘째, 이러한 적정 수준의 정부신뢰에 대한 논란에도 불구하고, 정부신뢰가 왜 하락했는지 정부신뢰를 높이거나 낮추는 데 관련된 요인이 무엇인지에 대해서는 다양한 의견들이 제시되어 왔다. 그 원인은 나라마다 시기마다 다를 수밖에 없다. 물론 역사적으로 대부분의 나라에서 나타나는 정부신뢰 하락의 공통된 원인들이 존재할 수 있기 때문에 이에 대한 심층연구도 필요하다. 무엇보다 정부신뢰는 정부성과와 정부에 대한 기대와 연결되어 있다. 그런데 정부성과에 대한 측정과 평가기준에 따라 정부성과가 달라진다는 점, 정부에 대한 기대도 시대상황 또는 개인의 정향이나 사회상황에 따라 영향을 받는다는 점 때문에 정부신뢰는 정부성과와 정부기대라는 두 가지 변인만으로 측정하기는 어려울 것이다. 따라서 정부신뢰는 정부성과를 어떻게 측정하고, 주관적으로 인식된 또는 객관적으로 수치화된 각종 정부성과를 어떤 기준을 가지고 바라볼 것인가에 따라 달라진다. 시대나 장소에 따라 정부를 좋게 바라보는 정향이나 정부에 대한 실망이나 기대감이 어느 정도인지도 정부신뢰에 영향을 줄 것이다. 정부신뢰는 수많은 요인들이 서로 얽혀 있어, 개별 요인들의 독자적 영향력을 파악하기가 힘들뿐더러 이들 간 선후관계도 파악하기 어려운 것이 현실이다. 앞으로 다른 요인들을 통제한 후 주요 설명변인들이 어떻게 정부신뢰에 영향을 주는지 엄밀한 실험연구가 필요하다. 그러나 현실적으로 정부신뢰와 관련된 자료들을 실험형식으로 자료로 측정하기 어렵기 때문에 이 또한 쉽지 않은 과제이다. 앞으로 자연실험처럼 다양한 준실험적 상황을 찾아 정부신뢰에 영향을 주는 요인들을 쉽게 식별할 수 있는 자료들에 계속 관심을 가져야 할 것이다.

마지막으로 정부신뢰 함수에서 제대로 다루지 못한 변인들이 있다. 이들은 정부신뢰에 영향을 주는 공간과 시간 차원의 변인들이다. 공간 차원의 경우 전체 정부나 개별 정부기관의 신뢰가 서로 연결되어 있을 뿐만 아니라 나아가 이들 정부기관 간 연계된 신뢰함수를 고려해야 한다. 또한 정치나 정책이념간 간극이나 괴리, 정치권력의 분포 등에 따른 정부신뢰의 변화도 정부신뢰의 함수로 심층적으로 분석될 필요가 있다. 또한 정부신뢰는 시간에 따라 바뀌는 주기성을 갖는지 아니면 무작위성을 띠는지, 선거나 경제주기에 따른 특정형태를 갖는지, 나아가 특정 코호트 집단이나 세대의 영향과 어떻게 관련되는지 지속적으로 다루어야 할 중요한 연구과제이다. 정부신뢰의 형성메커니즘에 대한 연구도 아직 부족하다.

II 정부신뢰를 둘러싼 주요 가설들

정부신뢰 하락의 원인을 제대로 파악하고 있는가? 이와 관련하여 정부신뢰를 설명하는 주요 가설들을 살펴보자. 정부신뢰 함수는 크게 두 가지 경쟁가설로 구성된다. 첫째, 정부의 성과와 관련된 것이다. 정부가 진정 국민들이 원하는 일을 하는지 그리고 얼마나 잘하는지에 관한 것이다. 둘째, 정부가 하는 일을 국민들이 어떻게 생각하는지 그리고 국민의 기대와 정부성과 사이에 어떤 괴리가 존재하는가에 대한 질문이다. 특히 왜 국민은 정부에 대해 불만을 가지는지 그 이유를 규명하면 국민이 정부를 불신하는 이유도 자연스럽게 파악할 수 있기 때문이다. 이를 위해 정부에 대한 신뢰에 영향을 줄만한 정치, 경제, 사회문화적 요인들을 검토하고 이들과 정부를 보는 국민의 인식에 미친 영향을 살펴볼 필요가 있다.

1. 정부성과 가설

정부성과는 어떻게 정부신뢰에 영향을 주는가? 이는 쉽게 대답할 수 있는 성질의 질문이 아니다. 정부성과와 정부신뢰와의 관계는 생각보다 매우 복잡하다.[21] 실제 정부성과와 정부신뢰가 일치하지 않는 경우가 허다하다. 무엇보다 정부성과를 평가하는 데 한계가 있고 국민들도 정부성과를 제대로 파악하지 못하기 때문에, 양자 연관성을 객관적으로 측정한다는 사실 자체가 넌센스인지도 모른다. 이로 인해 동일한 정부의 역할과 성과를 두고서도 상이한 평가를 내릴 수밖에 없다. 정부성과가 향상되었지만 정부에 대한 기대 수준이 높아져 정부신뢰가 오히려 더 떨어질 수도 있다. 정부가 적은 예산으로 더 많은 일을 과거보다 잘 하도록 기대한다면 정부성과 대비 정부신뢰가 올라가기 어려울 것이다. 개인책무보다는 정부에 대한 요구만 지나치게 하는 이율배반적인 국민의 태도도 정부성과와 정부신뢰 사이의 관련성을 복잡하게 만든다. 국민들은 정부예산 적자가 줄어들기를 바라지만 이를 위해 복지예산이 축소되는 것은 원하지 않는다. 논리적으로 정부성과가 좋다고 평가하면 정부에 대한 신뢰는 증가할 것이나, 정부성과에 대한 측정이 어렵고 성과에 대한 인식 자체가 여러 요인들로부터 영향을 받기 때문에 겉으로 나타난 양자의 관계에만 집착할 경우 양자의 관련성에 영향을 주는 제3의 요인들을 간과하기 쉽다. 이처럼 정부성과와 정부신뢰의 관계를 일률적으로 설명하기 어렵지만 최근 양자에 대한 논의 내용을 정리해보면 다음과 같다.

---

21) 정부성과와 정부신뢰의 복잡한 관계에 대해서는 Bok(1997)의 논의에 잘 정리되어 있다.

첫째, 정부의 실제 성과와 정부신뢰 사이에 괴리가 있다는 것이다. 대개 정부성과 개선이 국민의 신뢰로 이어지지 못하고 있는 것 같다. 그 원인은 매우 다양하여 파악하기 쉽지 않지만 대체로 다음과 같은 사례를 통해서 이에 대한 분석이 가능하다. 예를 들면, 미국 정부의 성과는 지난 1980년대 이후 그렇게 악화되지 않았다. 영역에 따라서는 성과가 나쁜 곳도 있지만 크게 좋아진 곳도 있었다. 지난 1960년대 중반 경제성과가 매우 좋은 시절에도 정부에 대한 신뢰는 떨어지기 시작했다. 또한 경제적 지위가 상승했던 추락했던 상관없이 정부에 대한 불신이 동일하게 증가하고 있었다. 따라서 정부신뢰 감소는 정부성과의 악화 때문이라 보기 어렵다. 이처럼 객관적 정부성과와 이에 대한 국민의 신뢰 사이에는 간극이 존재한다. 여기에는 여러 가지 원인이 존재한다. 아마도 정부성과에 대한 국민의 기대감이 높아지면서 정부가 이에 따라가지 못한 것일 수도 있다. 교육이나 복지에 있어 정부에 대한 기대감은 매우 높아졌지만 정부가 그 기대요구에 적절하게 부응하지 못해 정부신뢰가 하락했을 수도 있다. 또한 정부의 업적이나 권위 자체에 대한 불신이 높아지면서 정부성과가 악화되지 않았는데도 정부에 대한 불신이 높아질 수도 있다. 더구나 워터게이트와 같은 정부의 거대 스캔들이 발생하면서 정부에 대한 불신이 더욱 악화된 것도 그 이유가 될 수 있을 것이다.

한편, 경제성장의 둔화로 국민의 정부에 대한 신뢰가 추락했다고 주장한다. 이러한 가설은 대체로 맞지만[22] 그렇지 않는 경우도 분명히 존재한다. 유럽은 아니지만 미국의 경우 지난 1964년부터 1974년까지 경제가 빨리 성장했으나 정부에 대한 신뢰는 떨어졌다. 반면 1980년대 경제침체에도 불구하고 정부에 대한 신뢰는 상승했다. 경제성장과 정부신뢰가 반드시 일치하지 않는다는 것이다(Lawrence, 1997). 또한 정보화로 소수의 하이테크 임금근로자만이 임금상승의 혜택을 누린 반면, 그 밖의 대다수 노동자들은 실질임금 상승의 기회를 박탈당한 채 글로벌 경제구조에 편입되면서 소수의 승자와 다수의 패자로 노동시장이 재편되어 왔다. 이처럼 다수가 글로벌 경제의 혜택에서 배제되고 소득불평등이 악화되면서 정부에 대한 신뢰에도 부정적 영향을 주고 있다. 그런데 또 다른 문제는 양극화 속에서도 많은 혜택을 누리는 집단들도 정부에 대한 신뢰를 거두어 들이고 있다는 사실이다. 즉, 경제적 승자와 패자 모두 과거에 비해 정부에 대해 신뢰를 하지 않는다는 것이다.

둘째, 정부성과의 생산함수는 민간기업의 그것과는 사뭇 다르다. 기업의 성과는 시장의 교환에 따른 이득을 통해 쉽게 파악되며 이를 통해 신뢰가 쉽게 형성될 수 있다. 그러

---

22) 미국의 경우 지난 1979년부터 1995년까지 시간당 실질임금은 연 평균 0.33%씩 증가했다. 이처럼 실질임금의 미미한 상승으로 인해 정부에 대한 불신이 심화될 수도 있다. 하지만 이 시기에 정부신뢰에 영향을 준 다른 요인들도 많이 있기 때문에 실제 이러한 미흡한 실질 임금상승이 정부신뢰와 얼마나 관련되어 있는지는 추가연구가 필요하다(Lawrence, 1997).

나 정치시스템의 경우 그 성과는 시장과는 다르다. 선거나 각종 임용절차를 통해 선출되거나 임명된 정치지도자나 고위관료들이 국민이 원하는 것을 그대로 수용하여 업무를 수행한다는 보장이 없다. 정치나 정책과정을 통해 다양한 이해관계를 반영하기 때문에 실제 나타는 성과는 정치적으로는 적절할지 몰라도 그 밖의 성과기준으로 볼 때는 미흡한 경우가 많기 때문이다. 다시 말해 정치적 결정에 따른 정부의 성과는 사회적으로 가장 최적의 성과는 아니기 때문이다. 또한 정치과정 그 자체는 효율성보다는 반응성이나 민주성을 강조하기 때문에 정부성과를 효율성만으로 평가해서는 안 된다는 것이다.[23] 예를 들면, 미국의 정치시스템은 효율적으로 기획하고 일사분란하게 정부 일을 처리하는 시스템이 아니다. 매디슨(Madison)이 고안한 정부시스템은 소수의 목소리를 대변하고 강력한 독재정부가 출현하는 것을 막는 데 그 우선순위를 둔 것이지 정부의 효율적 목표달성에 있지 않았다. 이런 제약 속에서 정부가 좋은 성과를 바탕으로 국민의 신뢰를 받는다는 것은 상당히 어려운 과제일 것이다. 특히 언론매체가 늘 정부의 부정적 모습만 주로 국민들에게 알려주는 환경 속에서 정부에 대한 국민의 만족도를 높이는 것은 매우 어려운 일이다. 그럼에도 불구하고 전후 미국에 대한 정부신뢰도는 지속적으로 감소했지만 2번

23) 정광호 · 이달곤 · 하혜수(2011)에 따르면, 한국 지방정부의 성과 요소 중 효율성은 지방정부 신뢰와는 관련이 없으며, 오히려 지방정부의 전문성이나 형평성이 지방정부 신뢰 향상에 있어 더욱 중요한 것으로 나타났다.

정도 반전하여 상승한 적이 있었다(Bok, 1997). 하나는 레이건 대통령의 첫 번째 임기기간이며 다른 하나는 클린턴 대통령 첫 번째 임기후반기였다. 먼저 레이건의 사례는 대선공약의 충실한 이행, 인플레이션에 대한 적절한 대응, 결단력과 자신감을 갖춘 대통령의 효과적인 이미지 형성 등이 그 원인으로 꼽힌다. 클린턴 대통령의 경우 경제성장, 인플레이션과 예산적자의 감소, 범죄율의 하락 그리고 당파성을 떠난 중도정치(어린이 야간통행금지, 동성애자 결혼반대, 복지개혁 등)의 구현으로 국민들로부터 높은 지지를 받았다. 하지만 이러한 성공사례들만으로 정부신뢰의 방안을 모색하는데 한계가 있다.

결론적으로 정부가 이룩한 성과와 이에 대한 국민의 신뢰 사이에는 이론적 연결고리가 있지만 실제 양자의 관계가 어떻게 나타는가는 구체적 사안에 따라 다르다. 위에서 살펴본 것처럼 정부성과에 비해 이에 대한 신뢰도는 상대적으로 미약하다. 이처럼 양자의 연관성을 왜곡시키는 원인들은 추후 연구과제로 계속 남아 있다.

2. 정부기대 가설

정부가 무슨 일을 해야 할 것인지, 국민은 국가가 무엇을 해주기를 원하는지는 시대에 따라 개인에 따라 다르다. 정부신뢰는 정부에 대한 주관적 인식(평가)의 결과라는 것이다. 다시 말해 정부에 대한 신뢰는 정부가 무슨 일을 해야 하는가에 대한 국민의 인식과도 관련되어 있다.[24)]

첫째, 정부에 대한 인식은 정부역할 범위에 대한 논의와도 관련된다. 정부역할은 크게 세 가지 차원에서 논의된다. 어떤 국민들은 국방이나 재산권보호와 같은 최소한의 정부를 주장한다. 하지만 케인스주의에 입각해 경기순환에 개입하고 복지국가 건설과 같은 적극적 국가역할을 강조하는 국민들도 있다. 나아가 국가는 도덕이나 시민성을 고양하는 역할까지 해야 한다는 주장도 있다. 이처럼 정부의 범위에 대해 상이한 입장이 존재하기 때문에 정부가 어떤 일을 할 경우 좀 더 해야 한다는 주장과 정부는 그만 개입해야 한다는 주장이 대립하기 마련이다. 결국 정부의 역할을 두고서 찬반이 나누어지고 이에 따른 정부신뢰도 달라질 수밖에 없다.

둘째, 정부신뢰는 정부와 같은 공식적 권위를 가진 제도를 바라보는 태도의 함수이다. 영미권 등 선진국을 중심으로 형성된 후기물질주의 정향이 정부신뢰에도 부정적 영향

---

24) 레이건 대통령을 중심으로 한 보수주의자들은 정부가 지나치게 나서면 국민의 자유가 위협을 받고 시장이 위축되어 번영을 이룩하기 어렵다고 본다. 특히 세금을 많이 거두가면서 이에 대한 국민들의 불만이 높아질 우려가 있다. 미국의 남부지역 백인집단은 인종통합을 권장하는 연방법에 정부가 너무 깊이 개입하는 것이라고 이에 대한 반감을 표출했다. 반면 진보주의자들은 갈브레이스의 말처럼 빈곤층에 대한 정부의 무관심으로 사회안전망이 훼손되어 정부신뢰가 떨어진다는 반대의견을 주장했다. 정부신뢰와 정부역할에 대한 논의는 May(1997)에 잘 정리되어 있다.

을 주었다는 주장이다. 즉, 국민의 가치관이 과거 권위를 존중하는 데서 떠나 개인의 삶이나 비물질적 가치로 옮겨가면서 공식적 제도나 기관에 대한 불신이 증가하였다는 것이다(Inglehart, 1997). 정부 권위나 제도에 대한 도전이 점점 많아지면서 자연스레 정부에 대한 신뢰도 줄어들기 마련이다. 과거나 현재 모두 특정 이슈를 중심으로 한 상이한 가치관 때문에 정부에 대한 신뢰도가 영향을 받아 왔다. 미국의 경우 흑백차별 폐지와 소수민족에 대한 우대정책 등이 나오면서 각종 권리가 확대되고 번성하는 시대에 오히려 정부에 대한 신뢰가 줄어드는 현상이 나타났다. 다수의 백인들이 이를 싫어했기 때문이다. 이로 인해 미국 남부지역의 경우 백인들은 민주당에서 공화당 지지로 돌아섰다. 한편 환경이나 생태운동 등 기존 정당들이 제대로 수용하지 못한 이슈를 중심으로 오히려 정치참여가 활발하다. 이 때문에 기존 정당과 정부정책에 대한 신뢰도는 떨어지고 있다.

셋째, 정부에 대한 관점이나 정향은 정치인들의 역할에 대한 기대 그리고 정부나 정치인의 이미지 형성에 큰 영향력을 발휘하는 대중매체가 어떤 역할을 해 왔는가와도 연관되어 있다. 뉴스타트(Neustadt)에 따르면 미국의 신뢰부족 현상은 여러 요인들이 복잡하게 얽혀 있으며 쉽게 회복될 기미도 보이지 않는다(Neustadt, 1997). 우선 워싱턴 정가로부터 국민들이 동떨어져 있다는 인식이 증가하면서 정부에 대한 신뢰도 감소해 왔다. 언론매체가 중간에서 정부와 국민들 사이를 좁혀주는 것이 아니라 오히려 멀어지게 한다.[25] 미국 정치의 부패와 스캔들도 정부신뢰를 악화시키는 요인으로 꼽힌다. 또한 정치적 무관심으로 인해 어떤 정당도 지지하기 싫다는 정치적 무관심 집단이 늘면서 정부에 대한 신뢰도 감소하고 있다. 즉, 양당의 당파성 강화, 정당에 대한 충성심 약화 등도 국민과 정치 사이의 거리감을 확대하여 정부신뢰를 저하시키는 원인으로 작용한다(King, 1997). 일반적으로 열성 공화당원이나 민주당원의 경우 정부에 대한 신뢰도가 무소속 유권자보다 높다(Neustadt, 1997). 환경, 여성, 인터넷 등 다양한 유형의 정치가 현장에서 활발하지만 기존 정당은 이에 적극 호응하지 못하고 있다. 모든 것을 정부 책임으로 돌리는 성향도 문제이다. 마약, 낙태, 교육, 고용, 의료 등 각종 문제에 대해 정부가 효과적으로 대응을 해야 하며 그렇지 못할 때 정부에 대한 불만과 불신이 심화된다.

3. 맥락가설: 제3의 매개요인들

정부신뢰가 성과의 함수라고 할 경우 정부의 성과에 대

25) 언론의 정부에 대한 무차별적인 부정적 보도가 정부신뢰를 떨어뜨리는 데 상당한 영향을 주었다. 특히 텔레비전의 정부에 대한 부정적 보도는 정부에 대한 불신을 심화시킨다. 정치와 시민 사이의 간격을 방송매체들이 차지하면서 양자의 직접 접촉을 차단하고 오히려 거리감을 높여 '정부는 멀리 있는 신뢰하기 어려운 존재'로 인식하게끔 만들었다. 또한 세상은 더럽고 불신으로 가득한 것처럼 보도하는 행태 때문에 'mean world effects'가 발생하고 이는 정부신뢰에 부정적 영향을 주었다. 범죄를 비롯한 각종 사회문제들이 무책임하거나 무능한 정부와 관련되어 있다는 식으로 보도하기 때문이다.

한 신뢰는 여러 매개요인에 따라 달라진다. 무엇보다 정부성과에 대한 신뢰는 위에서 언급한 것처럼 기대와 성과 사이에 존재하는 괴리나 일치감의 정도에 달려 있다. 그런데 여기서 이러한 정부성과와 기대 사이의 간극에 대한 인식이 수많은 제3의 요인들에 의해 좌우된다.

첫째, 정부성과를 대해 얼마나 잘 알고 있는가인데, 이러한 지식은 일차적으로 정부와의 접촉, 정부정책이나 행정에 대한 참여정도, 정부와 시민 사이의 소통과 같은 요인들에 의해 좌우된다. 또한 2차적으로는 역사적 · 사회적으로 형성된 정부의 성과에 대한 시민의 기대와 태도이다. 예를 들면, 후기물질주의 가치관은 시민이 정부성과와 정부신뢰 관계에 대해 기본적으로 무관심하거나 중요성을 두지 않도록 만든다(Inglehart, 1997). 요약하면, 정부신뢰는 정부성과의 함수이지만 양자의 관련성을 시민이 어떻게 인식하는가에 따라 양자 관계가 달라지는바, 이 양자간 인식에 영향을 주는 제3의 요인들을 영향력을 고려해야 한다.[26]

Mansbridge(1997)에 따르면 언론의 냉소주의, 정부와 정치에 대한 혐오감이 팽배한 상황에서 이제 국민이 직접 정치나 정책에 참여하도록 하여 정부와 함께 어려운 결정을 하도록 함으로써 진정 정부의 일이 어렵고 국민의 기대수준

---

26) 정부성과와 정부신뢰 사이의 복잡한 관계는 Yang & Holzer(2006)에 잘 정리되어 있다.

을 충족시키는 일이 매우 어렵다는 점을 밝히고, 다양한 시각에서 국민이 정부가 다루는 문제를 볼 수 있도록 해야 한다. 또한 정부불만에 대한 정확한 원인을 파악하도록 하며 정부성과와 부패에 대한 객관적 평가수단을 만들어감으로써 국민이 올바른 정보를 갖고 정부를 판단하도록 해야 할 것이다. 하지만 무엇보다 국민들이 연금이나 의료개혁 등 각종 난제에 직접 참여하여 고민하도록 하는 것이 정부신뢰 개선의 첫걸음이 되어야 함을 강조한다.

둘째, 정부신뢰에 대한 대상 내지 정부신뢰의 분석단위에 관한 것이다. 먼저 정부신뢰는 시민과 연방 또는 중앙정부 사이의 신뢰, 시민과 개별 정부기관 사이의 신뢰, 시민과 정부지도자 사이의 신뢰, 시민과 정부고위관료 사이의 신뢰, 시민과 일선관료와의 신뢰 등 정부신뢰는 다양한 주체들의 집합체이다. 다음으로 정부의 행정과정에 대한 신뢰인지 정부의 최종 산물에 대한 신뢰인지 구분할 필요가 있다. 이처럼 정부에 대한 신뢰는 위에서 논의한 상이한 수준의 신뢰관계 또는 상이한 대상에 대한 신뢰들을 포괄하고 있어, 이를 구별한 정부신뢰로 접근하든지 아니면 이들 상이한 대상들 간에 형성된 각종 정부신뢰들의 집합된 결과로서 정부신뢰를 의미하는지 구분할 필요가 있다.

Ⅲ 정부신뢰의 형성차원과 기제

1. 정부신뢰의 공간적 구성요소

일반적으로 정부신뢰는 여러 구성 요소들이 복합적으로 만들어낸 산물이다. 정부신뢰의 경우 관련 기관들 간의 신뢰의 네트워크가 작동한다. 정부는 여러 공적 기관이나 제도들이 네트워크로 형성되어 있다. 특정 한 기관의 신뢰손상은 다른 유관 정부기관이나 제도의 신뢰에도 부정적 영향을 준다. 물론 그 반대도 가능하다. 이러한 신뢰의 네트워크는 유사한 제도나 정부기관들은 서로 얽혀 업무상 밀접히 얽혀 상호작용을 하기 때문에 나타난다. 이는 정부기관들이나 유사한 제도들의 신뢰수준이 서로 연결되어 있음을 시사한다. 예를 들면, 중앙정부를 신뢰할수록 지방정부도 신뢰할 가능성이 높아진다. 국회를 신뢰할수록 지방의회를 신뢰할 가능성도 높아진다.

일반적으로 정부신뢰는 정부를 구성하는 여러 정부기관들(institutions) 자체에 대한 신뢰, 정부기관의 최고지도자, 고위관리직 그리고 일선관료에 대한 신뢰로 구분된다. 정부기관들의 구성은 중앙과 지방정부, 의회, 행정부, 사법부 등 제반 헌법기관들, 행정부 내 개별 부처나 위원회 등 매우 다양하다. 일반적으로 정부를 신뢰하느냐를 질문할 경우 정부 전체에 대한 신뢰인지 아니면 개별 특정 정부기관에 대한 신뢰인지 구분할 필요가 있다. 또한 어떤 특정 정부기관에 대한 신뢰는 기관 자체의 신뢰뿐만 아니라 기관을 구성하는 최고관리자와 일반구성원들에 대한 신뢰가 섞여 있다. 한편 정치공간도 정부신뢰에 영향을 준다. 예를 들면, 정책성향의 공간에서 보면, 진보정책에서 보수정책까지 중에서 어느 지점의 성향을 국민이 선호하는지에 따라 정부신뢰가 영향을 받을 수 있다. 즉, 국민이 선호하는 정치나 정책이념을 구현하는 정부일수록 정부신뢰가 높다고 보아야 할 것이다. 대통령제국가의 경우 의회와 대통령 사이의 권력분포가 분점정부인지 단점정부인지에 따라 정부신뢰도 일정부분 영향을 받을 수 있다. 이상의 논의를 토대로 정부 전체에 대한 신뢰나 개별기관에 대한 신뢰함수는 다음과 같이 표현할 수 있을 것이다.

GGT = *f* (Ik, Id, PSj, 나머지 통제변인들)

GGT(General Government Trust) = 정부 전체에 대한 신뢰
Ik = 의회, 행정부, 사법부 등 각종 k개 정부기관의 신뢰
Id = 개별기관 지도자나 구성원 등 d개 차원에 존재하는 구성원
PSj = 정치 및 정책이념의 분포, 권력구성의 현황 등

각종 j개의 정치공간 변인들

Ik = *f* (GGT, Id, PSj, 기타 통제변인들)

Ir = r개의 유관 정부기관에 대한 신뢰

(예: 지방정부신뢰는 중앙정부, 지방의회 등 유관 기관들의 신뢰와 연결됨)

2. 정부신뢰의 시간(time)과 주기(cycle)

정부신뢰를 구성하는 요소는 시간적 차원에서도 구분될 수 있다. 무엇보다 정부신뢰에 영향을 주는 단기변인들과 중장기적 변인들이 있다. 예를 들면, Orren(1997)은 정부불신에 대한 장기요인으로 미국 정치문화의 냉소주의와 권위의 훼손, 포스트모더니즘을 꼽고 있고, 단기요인으로 국가의 전반적인 상태, 정부성과, 정책 (불)만족, 언론의 부정적 보도, 정부부패를 든다. Stevenson & Wolfers(2011)에 따르면 실업이나 그 밖의 금융위기 등 거시적 경제사이클에 큰 충격이 와서 경제가 어려워지면 정부나 관련 경제관련 기구에 대한 정부신뢰가 급격히 하락함을 보여준다. 또한 정부신뢰도 시간에 따른 일종의 사이클을 (불)규칙적으로 형성하기도 하는데 그 패턴은 주식시장처럼 랜덤(random) 형태이거나 아니면 정치적 사건인 선거주기(election cycle)나 개인 차원의 생애주기(life cycle)나 세대주기(generation cycle)를 따를 수도 있다.[27] 나아가 과거 정치적 유산이나 기억이 현

27) 정부신뢰에 대한 생애주기적 관점은 Schoon & Cheng(2011), 정부신뢰와 세대요인에 대한 논의는 Abramson & Inglehart(1995) 참고.

재의 정부신뢰에 영향을 준다는 점에서 일종의 과거 사건의 현재에 대한 영향을 표현하는 과거 '유산 또는 지체변인(legacy or lagged variable)'의 효과도 고려할 필요가 있다. 예를 들면, 일반 정부신뢰는 과거 일반 정부신뢰의 함수일 뿐만 아니라 각종 장단기적 신뢰요인에 의해 영향을 받을 것이다. 이를 간단히 표현하면 아래와 같다.

GGTt = *f* (Ikt, Idt, PSjt, L, S, EC, LC, GGTt-1, 나머지 통제변인들)

L = 장기에 걸쳐 영향을 주는 변인
S = 단기에 걸쳐 영향을 주는 변인
EC = Election Cycle 변인
LC = Life Cycle 변인
t = 분기나 연도 등 특정 시간을 의미

3. 정부신뢰의 형성 과정: 종단면 연구와 자료의 중요성

아직 정부신뢰가 어떻게 형성되는가에 대한 연구가 부족하다. 무엇보다 정부신뢰의 생성기제를 파악하기 위해서는 개인수준의 신뢰, 사회수준의 신뢰, 그리고 정부수준의 신뢰에 대한 영역별 신뢰에 대한 연계성을 알아야 한다. 개인, 사회, 정부라는 차원에서 나타나는 신뢰 간 연계성을 정부신뢰를 중심으로 하여 연구할 필요가 있다. 대개 정부신뢰의 형성과정을 세 단계로 구분할 수 있다. ① 과거 정부가 쌓아 온 평판에서 나오는 신뢰(institutional based trust: 정부 전체에 대한 국민의 신뢰나 개별 국가 기구에 대한 전반적 이미지라는 차원에서 국민이 보는 신뢰), ② 국민이 정부와 접촉하는 과정에서 형성되는 신뢰(process based trust: 정치나 정책과정에 대한 참여, 행정의 공정성, 행정의 수용성이나 반응성 등을 통해서 나타나는 신뢰), ③ 정부가 국민에게 제공하는 산물에 대한 평가에서 만들어지는 신뢰(result based trust: 정치나 정책성과에 대한 만족도)로 구분할 수 있다. 이러한 정부신뢰의 형성과정을 개인차원의 자료를 가지고 추적할 경우, 정부신뢰에 관한 종단면 자료가 필수적이다. 예를 들면, 유년시절의 환경이나 청소년 시절의 환경이 정부신뢰에 미치는 영향을 알기 위해서는 생애차원의 자료가 필요하다. 또한 과거 정부신뢰에 대한 경험이나 인식이 시간이 지남에 따라 어떻게 변동하는가를 파악하기 위해서는 각종 종단면 자료가 필요하다. 결국 정부신뢰의 형성과정은 정부신뢰를 종단면적으로 측정하는 자료가 전제되어야 제대로 파악할 수 있을 것이다.

CHAPTER 04

정부신뢰 함수의 탐색

CHAPTER 04

정부신뢰 함수의 탐색

I 정부신뢰 함수에 대한 주요 선행연구

정부신뢰를 결정하는 요인은 무엇일까? 이 질문도 정확한 해답을 찾기가 쉽지 않다. 그동안 상당한 연구들이 있어 왔지만 정부신뢰 수준을 결정하는 데 부분적 설명만 될 뿐 정부신뢰 모형을 설명하는 데 여전히 큰 제약을 안고 있다. 정부신뢰에 영향을 주는 요인을 무수히 많다. 무엇보다 신뢰가 어떻게 생성/유지/퇴락하는가에 대한 기존연구를 분석해보면, 정부신뢰에 영향을 주는 요인들도 탐색할 수 있다.

Zucker(1986)에 따르면, 신뢰는 신뢰대상과 신뢰주체의 상호과정, 신뢰대상의 속성과 관련되어 있다. 이러한 신뢰생성 기제를 정부신뢰로 유추해 보면, 정부신뢰는 정부와 시민의 상호작용, 정부의 속성(정부성과, 정부반응성)과 관련됨을 알 수 있다. 가령 정부의 정책특성도 정부신뢰에 영향을 줄 수 있는데, 이는 신뢰대상의 속성에 따라 신뢰수준이 결정됨을 의미한다.[28] 예를 들면, 유럽에서와 같은 보편적 복지프로그램은 국민들에게 인기가 많고, 이는 높은 정부신뢰로 나타난다는 것이다. 반면, 미국에서와 같은 선별적 잔여복지프로그램은 보편적 복지를 구현하는 유럽국가와 비교할 때 정부신뢰 측면에서 부정적 영향을 줄 수 있다(Rothstein & Uslaner, 2005).

Shapiro와 그 동료들(1992)에 따르면 신뢰는 제재(deterrence), 지식과 정보, 일체감(identity)과 관련된다. 이를 정부

28) 이처럼 탑다운(top down) 방식의 사회자본 형성에 대한 연구들도 주목할 필요가 있다. Skocpol과 그 동료들의 연구가 대표적인데, 이 연구에 따르면 주정부와 연방정부 구조의 특성이 자발적 결사체의 형태를 결정짓고 이 것이 (비)공식 제도나 기관에 대한 신뢰로 이어진다는 것이다. 유럽의 경우 사회(환경/녹색)운동조직이나 노동조합처럼 공식적 결사체 중심인 반면 영미의 경우 종교나 봉사차원의 사적 모임이 많다는 것이다(Skocpol, Ganz, & Munson, 2000). 앞으로 신뢰연구에 있어서도 정부의 시민사회, 시장, 개인에 대한 정책지원이나 개입방식에 대한 연구가 필요하다.

신뢰로 연결시켜 보면, 신뢰주체인 시민이 신뢰대상인 정부에 불만을 가질 때 효과적으로 제재를 가할 수 있어야 하는데, 실제로 여러 제약요건 때문에 그렇지 못하다. 하지만 이 때문에 국민들은 정치적으로 무관심해지고, 정부에 대한 불신도 커진다. 또한 정부가 무엇을 하는지 잘 알고 있다면, 그렇지 않은 경우보다 정부에 대한 신뢰가 높을 것이다. 나아가 정부에 대해 일체감을 느낀다면 당연히 정부에 대한 신뢰도가 올라 갈 것이다.

Nye와 그 동료들(1998)의 연구에서도 정부신뢰를 크게 ① 정부가 무슨 일을 하는가(정부의 업무영역), ② 정부가 그 일을 얼마나 잘 하는가(정부의 능력과 성과), ③ 정부가 하는 이런 일들이 국민들에게 어떻게 비치는가(국민이 정부를 바라보는 틀)라는 세 차원으로 구분하고 있다(Nye 외, 1998). 정부가 무슨 일을 얼마나 잘하는지, 그리고 이것이 국민들에게 어떻게 인식되고 있는지는 무엇보다 신뢰대상인 정부라는 존재에 대한 신뢰수준이다. 특히 정부가 어떤 일을 얼마나 잘 하는지는 결국 시민의 인식에 따라 좌우되는데, 이는 대부분 정부와 시민사이의 상호작용의 산물이다. 즉, 신뢰주체와 신뢰대상의 긴밀한 상호작용이 신뢰수준을 결정한다는 것이다.

김우택 · 김지희(2001)의 연구도 신뢰를 교환관계나 경험과정(신뢰대상에 대한 지식이나 정보), 신뢰형성의 기제(mechanism:

제도화나 제재조치), 신뢰대상과 신뢰주체의 연관성(귀속성, 정체감)에 따라 신뢰 생성의 원인을 찾고자 한다. 이러한 일반적인 신뢰생성 기제는 위에서 언급한 것처럼 정부신뢰의 생성함수에도 그대로 적용될 수 있을 것이다.

II 정부신뢰 함수: 자체 요인과 외부 요인

1. 정부 자체 요인

정부신뢰가 하락했다는 것은 정부가 일을 잘 못하거나 또는 엉뚱한 일을 해서 국민들로부터 불신을 받아 왔다는 것이다. 반면 정부가 일을 잘한다고 생각하면 정부신뢰는 올라갈 것이다. 정부역량은 공공지도자의 신뢰, 집행기관의 신뢰, 공직자에 대한 신뢰 등 여러 차원의 정부역량이 합쳐져 총체적으로 결정된다. 정부역량이 뛰어나서 좋은 성과를 거둔다면 정부신뢰는 올라갈 것이다.

하지만 여기에도 두 가지 문제가 있다. 하나는 국민들이 실제로 얼마나 정부가 일을 잘하는지 정확하게 알지 못한다는 문제이다. 범죄예방, 질병관리, 생활수준의 향상 등 이 분야에 있어서 과거에 비해 정부 역량이 비약적으로 상승해 왔다. 그런데 국민들은 이러한 정부성과의 향상에 대해 무지하거나 그렇지 않다고 생각한다. 정부성과는 그 측정이 어렵기 때문에 실제 객관적인 성과지표를 만들기가 쉽지 않고, 설령 제대로 된 성과지표가 존재하더라도 국민들은 이를 잘 모르거나 잘못 인식할 수 있다. 다른 하나는 과거에 비해 정부가 일을 잘한다고 하더라도 정부에 대한 국민의 기대수준이 크게 상승하여 정부에 대한 불신이 발생할 수도 있다는 것이다. 정부신뢰는 정부에 대한 국민의 기대수준의 함수라고 볼 수 있다. 즉, 정부신뢰는 국민의 기대치에 따라 상대적으로 결정될 수 있는 것이다. 정부가 설령 부분적으로 실수를 하더라도 국민의 기대치가 낮으면 큰 문제가 되지 않겠지만, 그렇지 않을 경우 조그마한 실수라도 정부불신으로 이어질 수 있다.

어떤 정책 실패나 사회문제가 발생했을 경우 이를 가지고 정부만 탓하기에는 그 원인들이 너무 복잡하게 얽혀 있는 경우가 많다. 학업성취도가 떨어졌을 경우 이를 정부 교육정책의 실패로 돌리기에는 학교, 학부모, 학생 등 여러 차원의 원인매개체들이 존재한다. 실업과 같은 경제문제도 정부의 경제정책 탓인지 아니면 글로벌 경제구조나 환경 때문인지 그 원인을 파악하기가 쉽지 않다. 그렇지만 이러한 각종 사회문제에 대한 불만은 개인이나 가족보다는 정부로 향하기 쉽다. 물론 정부책임이나 그 기대에 대한 수준은 국가마다 시대마다 국민들의 인식에 따라 달라진다. 위에서 살펴본 것처럼 정부성과와 정부신뢰 사이의 연관성은 매우 복잡하다(Bok, 1997).

한편 정부의 정책특성도 정부신뢰에 영향을 준다.[29] 예를 들면, 유럽에서와 같은 보편적 복지프로그램이 미국에서와 같은 선별적 잔여 복지프로그램에 비해 정부신뢰 향상에 더 도움이 된다는 것이다(Rothstein & Uslaner, 2005). 제도중심적 접근의 논점은 국가의 정책방향이나 내용이 사회자본과 신뢰형성에 영향을 준다는 것을 시사한다. 또한 정부가 쓸데없이 엉뚱한 일을 하여 불신을 조장할 수도 있다. 특히 큰정부에 대한 반감과 더불어 정부가 너무 나서서 시민사회나 개인생활을 규제하거나 개입할 경우 정부불신이 더욱 심화되기도 한다. 복지정책처럼 정부 역할이 확대될 때도 보수집단의 경우 정부불신이 오히려 증가할 수도 있다.[30]

---

29) 이처럼 탑다운(top down) 방식의 사회자본 형성에 대한 연구들도 주목할 필요가 있다. Skocpol과 그 동료들 연구가 대표적인데, 이 연구에 따르면 주정부와 연방정부 구조의 특성이 자발적 결사체의 형태를 결정짓고 이것이 (비)공식 제도나 기관에 대한 신뢰로 이어진다는 것이다. 유럽의 경우 사회(환경/녹색)운동조직이나 노동조합처럼 공식적 결사체 중심인 반면 영미의 경우 종교나 봉사차원의 사적 모임이 많다는 것이다(Skocpol, Ganz, & Munson, 2000). 앞으로 신뢰연구에 있어서도 정부의 시민사회, 시장, 개인에 대한 정책지원이나 개입방식에 대한 연구가 필요하다.

30) 이처럼 정부신뢰는 정부 업무 영역과 관련하여 '큰정부'나 '작은정부' 논쟁과도 연결된다. 큰정부를 선호하는 유권자는 정부가 가능하면 여러 영역에서 가능한 한 사회문제에 깊이 개입하여 많은 일들을 해주기를 원할 것이다. 반대로 작은정부론자는 이를 선호하지 않을 것이다. 그런데 대개 국민들은 자신들이 직접 세금을 덜 내려고 하지만 정부에게 더 많은 것을 요구하는 모순된 욕구를 갖고 있다. 이 경우 정부는 작은 세입규모로 많을

2. 정부 외부 요인

정부신뢰는 정부의 외적 요소와도 밀접하게 관련되어 있다. 정부신뢰는 역사적 추세라는 경로를 따르는 것처럼 보인다. 그리고 이 경로는 정치, 경제, 사회문화, 언론매체 등 다양한 요인과 관련되어 있다. 이를 자세히 살펴보자.

첫째, 정부성과와 무관하게 정부신뢰의 하락을 글로벌 차원의 시대적 추세로 보기도 한다(Dalton, 2000). 정부와 같은 공식권위와 제도를 경원시하는 사회문화적 가치관의 변화(Inglehart, 1997), 글로벌화에 따른 부익부 빈익빈을 가속화시키는 경제환경(Lawrence, 1997), 정치불신의 심화(Neustadt, 1997) 등은 모두 정부성과와 상관없이 정부신뢰를 떨어뜨리기 때문이다. 정부신뢰의 감소는 최근 30년 동안 일어나고 있는 추세이기 때문에 이러한 정부신뢰 하락 시기에 태어나 생활한 30~40대의 경우 50~60대에 비해 정부신뢰가 낮을 것으로 예상할 수 있다.[31] 또한 지역사회의 문화나 역사적 전통도 정부신뢰에 영향을 준다. 퍼트남의 연구가 대표적인

일을 해야 하는 딜레마에 빠진다. 따라서 국민들의 수많은 요구를 효과적으로 만족시키더라도 이것이 높은 조세부담을 야기한다면 정부에 대한 신뢰는 생각보다 낮아질 가능성이 있다. 이에 관한 자세한 논의는 May (1997) 참고하면 된다.

31) 그런데 미국의 경우 정치신뢰에 있어 세대 간 차이는 없는 것으로 나타난다(Putnam, 1995). 여전히 이에 대한 쟁점이 남아 있으므로 이에 대한 추가 조사가 있어야 할 것이다.

데 이태리 남부의 낮은 신뢰수준은 과거 식민통치 시절 분열정책으로 인해 남부의 신뢰인프라가 파괴되어 지금도 북부보다 낮은 신뢰를 보이는 주요 원인으로 주목을 받고 있다(김인영, 2002). 이러한 정부신뢰의 감소라는 역사적 사이클은 정치, 경제, 사회문화, 언론매체와 관련된 다양한 요인들을 갖는다.[32]

둘째, 정치적 요인으로 커다란 정치적 충격이나 사건, 정치지도자들의 역량, 성과 — 특히 부패나 스캔들에 따른 인기저하 — 및 정파적 충성심의 쇠퇴 등을 꼽는다(Neustadt, 1997). 미국의 경우 냉전 종식으로 인해 정부신뢰가 감소했다고 한다. 냉전이라는 공동체의 위기나 긴장이 국가에 대한 충성심을 고무시켜 정부신뢰를 높여준다는 것이다. 그렇지만 미국의 경우 냉전종식 이전인 1960년대 중반부터 정부신뢰가 떨어졌다는 사실 때문에 이 가설도 설득력이 떨어지는 한계가 있다. 또한 제2차 세계대전 승리라는 요인도 정부에 대한 믿음을 한껏 고무시킨 것으로 보인다. 이를 정확하게 검증하기 위해서는 일본, 독일, 이태리같은 패전국가의 정부신뢰도와 비교할 필요가 있다. 베트남전쟁, 워터게이트 사건, 르윈스키 스캔들과 같은 정치사건들도 정부신뢰에 부정적 영향을 주었을 것으로 보인다. 그렇지만 이러한 사건들과 무관하게 정부신뢰가 지속적인 감소추세를 나타내고

32) 이하에서 논의하는 정치적, 경제적, 사회문화적 요인 등에 대해서는 Nye, Zelikow & King(1997)을 주로 참고하였다.

있어 과연 이들의 영향이 어느 정도인지 가늠하기가 쉽지 않다. 유권자들의 기존 정당들에 대한 실망과 무소속 후보에 대한 선호증가도 정부신뢰 감소와 관련이 있어 보인다. 그런데 이 가설의 경우 오히려 정부불신이 심화됨에 따라 정당과 같은 제도 정치권에 대한 실망이 생겨났을 가능성을 간과할 수 있다. 선거나 정책과정에 대한 언론의 부정적·냉소적 보도성향도 국민들로 하여금 정치인이나 정치과정에 대한 실망감을 높여 정부불신을 조장했을 가능성이 있다. 특히 언론매체의 보도 방식이나 프레밍(framing)에 따른 정치불신의 조장은 정부불신으로 이어질 가능성이 크다. 실제 미국의 경우 정부가 효과적으로 대응하여 범죄율이 감소하고 있지만 총기사건에 대한 언론의 선정적 보도는 범죄문제의 심각성을 각인시켜 정부불신의 원인으로 이어진다는 것이다. 그렇지만 이를 비교 검증할만한 대상을 찾기가 쉽지 않다. 동일한 국가와 시대 상황 속에서 상이한 언론보도 태도에 따른 국민들의 정부신뢰의 차이를 분석할만한 비교사례나 자료를 찾기 어렵기 때문이다.

셋째, 정부불신을 조장하는 경제적 요인을 살펴보자. 일반적으로 경기가 침체되고 실업이 증가하며 임금이 감소하면 경제난에 시달리는 국민들이 정부를 불신하기 쉽다. 그런데 이러한 경제적 설명모형도 적용되지 않는 경우가 있다 (Lawrence, 1997). 유럽과 달리 미국의 경우 지난 1960년대 중반부터 1970년대 중반까지 경제성장률이 높았으나 정부신뢰는 오히려 떨어졌던 것이다. 또한 경기침체가 있었던 레이건 집권 1기 동안 정부신뢰는 1970년대 후반보다 오히려 상승했다. 최근 글로벌화와 정보통신혁명에 따라 하이테크 산업이 성장하면서 고용이 줄어들고 중산층도 감소하는 등 경제불평등이 심화되고 있다. 이러한 경제 양극화 현상은 정부신뢰에 부정적 영향을 줄 것으로 보인다. 극심한 소득 불평등은 민주주의의 안정감을 저해하고 시민사회의 핵심인 중산층을 불안하게 만드는데, 이는 상이한 소득계층간 적대감과 긴장 때문이다. 앞으로 경제적 불평등의 심화와 정부신뢰 사이의 연관성에 관한 심층분석이 요구된다.

넷째, 정부신뢰는 사회문화적 자산과 연결되어 있다(Mansbridge, 1997). 대개 정치참여도가 높은 문화를 가진 지역의 경우 정부에 대한 신뢰 또한 높다. 각종 시민단체, 클럽 등을 통해 이루어지는 상호작용을 통해 정부와 각종 제도에 대한 신뢰가 축적되기 때문이다. 그러나 최근 주요 선진국들의 경우 사회자본(규범, 신뢰, 네트워크)과 같은 사회적 자산이나 제도의 기능감소라는 위기를 겪고 있다. 이는 사회신뢰의 감소를 낳고 정부불신으로 이어진다. 특히 중간조직체들을 중심으로 형성되어 온 사회자본이 쇠퇴하면서 정부불신도 커졌다는 것이다. 시민들은 어릴 때부터 각종 결사체나 모임을 통해 공동체 규범과 활동을 학습하고 정부와 각종 제도에 대한 긍정적 관점을 배양한다. 그런데 대부분의 선진국들은 장기간에 걸쳐 중간조직들이 쇠퇴하고, 사회기관들에 대한 불신이 심화되는 등 어려움을 공통적으로 겪고 있다. 퍼트남은 미국사회의 신뢰저하 원인으로 텔레비전을 보는 데 많은 시간을 소비함으로써 상대적으로 자발적 결사체를 통한 상호작용이 줄어든 것에 주목한다(Putnam, 2000).[33] 또한 개인주의 확산이나 사회적 권리 신장으로 개인의 피해를 사회나 정부 탓으로 돌리는 경향도 증가했다(Nye 외, 1997: 14).[34]

III 정부신뢰 함수의 주요 변인들

이상의 논의를 정리해보면, 정부신뢰는 신뢰주체와 신뢰대상을 둘러싼 신뢰환경, 신뢰대상의 특성(성과), 신뢰주체의 특성(응답자의 사회인구학적 변인), 신뢰주체와 대상의 상호작

---

33) 퍼트남은 지난 1960년대 이후 미국에서 학부모 연합체, 걸스카웃, YMCA 같은 각종 사회단체가 감소했음을 실증하고 있다(Putnam, 1995; 1996).

34) 잉글하트에 따르면 전후 선진국들의 사회 경향이 권위를 더 이상 존중하지 않는 후기물질주의 가치관을 형성하면서 정부에 대한 신뢰가 추락하였다. 물론 국가에 따라 이러한 후기물질주의 가치관의 정도는 다르지만 국가를 비롯한 권위 존중의식이 바뀌면서 정부에 대한 신뢰도 이에 영향을 받았을 것으로 추정된다(Inglehart, 1997). 특히 지난 1995년 전후로 미국의 경우 경제성장, 지속적 평화 유지, 실업률 감소, 낮은 인플레이션 등 생활에 도움이 되는 경제지표의 호전에도 불구하고 미국 연방정부에 대한 신뢰는 여전히 낮았다는 것이다. 이는 뛰어난 정부성과와 상관없이 정부신뢰에 영향을 주는 국민들의 가치관 변화에 따라 나타난 현상으로 가설화하고 있다.

용 과정 특성에 따라 영향을 받는다. 그럼 구체적으로 신뢰환경, 신뢰대상과 주체의 특성, 신뢰주체와 대상의 상호관계를 중심으로 신뢰함수를 구성하는 변인들을 정리해보자.

1. 정부신뢰의 환경

1) 일반신뢰

정부와 시민 사이의 신뢰환경 변인으로는 사회적 신뢰를 꼽을 수 있을 것이다. 대개 사회신뢰가 높으면 정부신뢰 또한 높다. 전형적인 신뢰의 외부효과 때문이다(Coleman, 1990).[35] 대개 사회 신뢰와 정부신뢰는 함께 움직이는 경향이 있다. 그렇지만 한편으로 정부를 신뢰하지만 개인이나 사회제도를 불신할 수도 있고, 개인이나 사회를 신뢰하지만 정부를 불신할 수도 있다. 사회에 대한 신뢰는 사회로부터 소외되어 있거나 또는 사회에 대해 무관심할 경우 낮을 것이다. 이처럼 사회신뢰는 정부와 같은 공식적 제도에 대한 불신으로 이어질 가능성이 크다(Inglehart, 1997). 최근 주요 선진국들의 경우 사회자본과 같은 사회적 자산이나 제도의 기능감소라는 위기를 겪고 있다. 이는 사회신뢰의 감소로 나타난다. 이와 관련된 요인으로 개인주의가 확산되고 사회적 권리가 신장되면서 개인의 피해를 사회나 정부 탓으로 돌리는 경향

35) 미국 시민들의 상호간 불신이 연방정부와 다른 주요 국가기관에 대한 불신의 주요 원인이라고 지적한다. 즉, 개인간 불신이 심한데 하물며 어떻게 정부를 믿을 수 있겠는가라는 의견을 제시한다(Morin and Baltz, 1996; Orren, 1997:85에서 재인용).

이 증가한 것을 들 수 있다(Nye 외, 1997: 14). 결국 이러한 사회적 변화의 결과로 사회신뢰의 감소가 나타났고 정부에 대한 신뢰감소로 연결되었을 것이라는 추정이 가능하다. 이러한 논리를 수용한다면 사회신뢰가 높을수록 공식적 제도인 정부에 대한 신뢰도 높다고 볼 수 있다.[36)]

2) 유관 정부기관들에 대한 신뢰

정부 내 기관들 사이의 신뢰도 얽혀 있다고 보아야 할 것이다. 정부기관들은 서로 연관되어 작동하는 다른 기관들과 함께 신뢰도 수준이 움직이는 경향이 있다. 다시 말해 의회에 대한 신뢰가 추락하면 정부에 대한 신뢰도 함께 떨어질 가능성이 크고, 중앙정부에 대한 신뢰가 떨어지면 지방정부에 대한 신뢰도 추락할 가능성이 높다는 것이다. 그 밖에 시대 변화에 따른 후기물질주의 가치관의 범람으로 공식기관의 권위상실, 매스미디어의 정부에 대한 가혹한 비판 등과 같은 환경적 요인도 정부신뢰 하락의 요인으로 주목받기도 한다.

다음은 일반신뢰와 정부신뢰 사이의 관계이다. 일반적으

36) 물론 사회에 대한 신뢰와 정부에 대한 신뢰가 일치하지 않는 경우도 있을 것이다. 즉, 사회는 신뢰하더라도 경우에 따라 정부를 신뢰하지 않을 수도 있다. 주변 친구들이나 직장에 대한 신뢰수준은 높일지라도 정부에 대한 여러 가지 유익하지 못한 직간접 경험이 있을 경우 오히려 불신할 수도 있기 때문이다. 또한 거꾸로 정부는 신뢰하더라도 사회에 대한 신뢰수준은 낮을 수도 있을 것이다. 양자 간 다양한 연관성이 가능하지만 대개 양자는 긍정적 상관관계를 갖고 있을 것으로 기대된다.

로 응답자들이 살고 있는 사회를 얼마나 신뢰하고 있는가와 정부의 신뢰 사이에는 서로 밀접한 연관성을 가지기 때문이다. 정부가 아닌 일반 개인이나 그 밖의 사회구성원이나 집단과의 상호작용 속에서 자연스럽게 이들 대상을 얼마나 신뢰하는지 정도가 정부의 신뢰와 연관되어 있을 것이다.

3) 정부성과

정부신뢰는 정부가 무엇을 해야 하고 얼마나 잘하는가라는 정부성과와 관련되어 있다. 정부성과 측정의 난제로 실제로 나타난 정부성과와 정부신뢰의 관계를 파악하기 어렵다는 한계에도 불구하고 양자의 관계는 정부신뢰에 있어 핵심적 논의이다(Bok, 1997). 대개 정부가 주민이 원하는 일들을 제대로 할 경우, 그리고 이러한 일들을 공정하고 도덕적으로 수행할 때 정부신뢰는 올라간다. 또한 주민들은 정부가 효율적으로, 세금을 낭비하지 않고 일을 하기를 원한다.[37)]대체로 정부가 마땅히 해야 될 일들을 하고 있고, 또한 유능하고 일을 제대로 잘한다고 판단하면 정부신뢰가 높다.

그런데 정부성과와 정부신뢰의 관계는 일반적으로는 서로 긍정적 상관관계가 있을 것이라고 생각하지만 실제 양자의 관계는 그렇게 단순하지 않다(Bok, 1997). 무엇보다 정부

37) 1996년 Post/Kaiser/Harvard 공동 여론조사에 따르면 응답자의 약 81%가 정부운영이 비효율적이며 응답자의 79%는 잘못된 곳에 예산을 낭비한다고 보았다(Nye, Zelikow, & King, 1997: 6).

성과를 어떤 것으로 볼 것이며 어떻게 그 성취도를 평가할 것인가에 따라 정부신뢰는 상당히 달라질 수 있기 때문이다(May, 1997). 정부성과는 경제적 · 물질적 풍요뿐만 아니라 정부가 얼마나 공평하고 청렴한지, 사회적 약자를 잘 배려하는지 등에 따라서도 영향을 받는다. 또한 정부가 사회나 개인 영역에 침투해 들어와 지나치게 간섭한다고 생각한다면 정부가 쓸데없는 곳에서 세금을 낭비하고 있다고 생각할 것이다. 정부가 불필요한 일들을 하고 있다고 생각한다면, 여기서 나타난 정부성과는 오히려 정부불신을 키울 수 있다.[38)]

한편 정부가 이룩한 성과는 국민들 기대수준에 따라 다르게 인식된다. 기대수준이 높은 국민일 경우 정부가 좋은 성과를 거두더라도 그 기준에 미흡하면 오히려 정부가 일을 잘 못한다고 생각할 것이다. 물론 정부가 실제로 수행하는 일이나 그 성과에 대한 자료나 정보 부족으로 일반국민들은 정부가 이룩한 실제 성과와 달리 정부가 제대로 일을 하지

---

38) 이처럼 정부신뢰는 정부 업무 영역과 관련하여 '큰정부'나 '작은정부' 논쟁과도 연결된다. 큰정부를 선호하는 유권자는 정부가 가능하면 여러 영역에서 가능한 사회문제에 깊이 개입하여 많은 일들을 해주기를 원할 것이다. 반대로 작은정부론자는 오히려 이를 선호하지 않을 것이다. 그런데 대개 국민들은 자신들이 직접 세금을 덜 내려고 하지만 정부에게 더 많은 것을 요구하는 모순된 요구를 갖고 있다. 이 경우 정부는 작은 세입규모로 많을 일을 해야 하는 딜레마에 빠진다. 따라서 국민들의 수많은 요구를 효과적으로 만족시키더라도 이것이 높은 조세부담률과 관련된다면 정부에 대한 신뢰는 생각보다 낮아질 가능성이 있다. 이에 관한 자세한 논의는 May(1998) 참고.

못한다고 생각할 수도 있다. 이러한 요소들 때문에 정부성과와 관련된 정부신뢰 함수는 생각보다 복잡한 것이다. 따라서 정부성과의 다양한 이질적 요소들에 대해 일반국민들이 어떤 것을 선호하는지(높이 평가하는지) 분석할 필요가 있다.

그동안 실제 정부성과는 과거에 비해 올라갔는데 정부신뢰는 지속적으로 하락하고 있다(Bok, 1997). 실제 정부성과와 정부신뢰 사이에 발생하는 괴리이다. 여기에는 몇 가지 이유가 있다. 무엇보다 정부가 만든 산출물이 아닌 정부가 일하는 과정이나 행태 그 자체가 국민의 정부신뢰에 영향을 주기 때문이다. 최근 정부의 도덕성 하락에 따른 신뢰하락 현상은 심각하다.[39] 국민의 신뢰를 받기 위해서는 정부가 공정하고 청렴하며 품위를 유지할 필요가 있다. 다음으로 실제 정부가 얼마나 성과를 내고 있는지 제대로 알지 못해서 정부불신이 심화될 수도 있고, 아니면 정부에 대한 기대수준이 높아져 지속적인 정부성과 향상에도 불구하고 정부불신이 심화될 수도 있다. 한편 정부기관들과 국민들 사이의 거리감에 따라 정부신뢰가 달라질 수도 있다. 예를 들면,

39) 미국 국민은 상하원 의원들에 대한 윤리성을 나쁘게 평가하는데, 중고차판매원보다는 높지만 변호사보다 윤리수준이 낮다고 본다(Orren, 1997). 1996년 Post/Kaiser/Harvard 공동 여론조사에 따르면, 정치가들이 국민의 이익이 아닌 자신의 이익을 위해 일하기 때문에 이들에 대한 신뢰를 하지 않는다고 한다. 또한 정부불신의 주요 원인으로 공무원의 정직성과 성실성 부족을 꼽고 있다. 결국 정치인이나 공무원의 부패스캔들이 언론에 지속적으로 보도됨으로써 정부불신이 높아진 것이다. 이처럼 정치가들과 공무원들이 자신들만의 이익을 추구하고 도덕성이 부족한 것을 정부불신의 주요 원인으로 응답하고 있다.

연방정부보다 지방정부에 대한 신뢰가 높고, 의회보다 지역구 의원에 대한 신뢰가 높다(Nye, Zelikow, & King, 1997: 9). 그렇지만 정부성과와 무관하게 정부신뢰의 하락은 글로벌 차원의 시대적 추세로 보기도 한다(Dalton, 2000). 정부와 같은 공식권위와 제도를 경원시하는 사회문화적 가치관의 변화(Inglehart, 1997), 글로벌화에 따른 부익부 빈익빈을 가속화시키는 경제환경(Lawrence, 1997), 정치불신의 심화(Neustadt, 1997) 등은 모두 정부성과에 상관없이 정부신뢰를 떨어뜨리기 때문이다.

4) 정부와 시민의 상호작용

정부와 시민 사이의 상호작용에 따라 정부신뢰가 달라질 수 있다. 정부 정책에 적극 참여하고 정부는 정보를 공개하고 시민과 공유하면 정부에 대한 신뢰가 올라갈 것으로 기대한다. 정책참여를 통해 정부가 하는 일에 대한 공감대를 형성할 수 있고 정책과정의 정당성을 제고함으로써 결국 정부신뢰 증진으로 이어질 것이다(Levi, 1998; Plein, et al., 1998). 이처럼 개방과 참여는 정부정책의 정당성과 정부신뢰를 제고해 줄 것이다. 또한 관계형 사회자본(사회단체)처럼 시민단체나 각종 모임 등에서 활발하게 활동할 경우 정부에 대한 신뢰수준이 높을 것으로 기대한다. 정책과정에서 자신들의 사적 이익만을 추구하는 올슨(Olson)형 단체의 경우 — 노조나 특수 이익집단 — 오히려 정부신뢰를 저하시킬 수 있다(Olson, 1982). 반면 공익을 추구하면서 사회구성원간 화합을 도모하는 퍼트남(Putnam)형 단체의 경우 정부신뢰에 긍정적 영향을 줄 수 있다(Putnam, 1993, 1996, 2000). 이처럼 사회단체의 경우 그 속성에 따라 정부신뢰에 긍정적 또는 부정적 영향을 동시에 줄 수 있다. 세계가치조사(World Value Survey) 자료를 이용한 국가간 비교연구를 수행한 Knack (2003)에 따르면 퍼트남형 사회단체의 영향력이 올슨형보다 두드러진다.

관계형 사회자본이 풍성할수록 정부신뢰도 일반적으로 높아질 것이다. 하지만 사회자본의 속성이 다양하기 때문에 관계형 사회자본이 정부신뢰에 미치는 영향을 단정적으로 예단할 수가 없다.[40] 대개 투표와 같은 공식적 정치참여도의 경우 이것이 높으면 정부신뢰도 높을 것이다. 시민단체 활동도 정부신뢰에 긍정적 영향을 줄 것이다. 그런데 활발한 시민단체 활동은 오히려 정부불신을 낳을 수도 있고 반면에 신뢰를 더욱 강화할 수도 있다. 결국 시민활동을 통해 정부에 대해 어떤 인식을 하는가에 따라 정부신뢰는 다를 것이다. 또한 사적 모임과 같은 연결망도 정부신뢰에 영향을 줄 것이다. 이러한 사적 연결망들을 통해 정부에 대해 어떤 인식을 형성하는가에 따라 정부신뢰는 다를 것으로 예상되기 때문에 이에 대한 실증연구가 필요하다.

---

40) (비)공식사회단체나 조직에 따라 구성원의 이익만을 도모하는 배타적 속성과 비회원이나 일반인 모두를 위한 공익적 속성이 혼재되어 관계형 사회자본에 근거한 단체나 모임활동이 정부신뢰에 어떤 영향을 주는가는 개별 단체에 따라 다를 것이다(Stolle & Rochon, 1998).

지지정당 유무와 같이 정치나 정부에 대한 관심이 높으면 정부신뢰도 올라갈 것이다. 지지정당이 있다는 것은 정치나 정부를 통해 무언가를 실현할 수 있다고 믿을 가능성이 크다. 이러한 정부역할에 대한 적극적 인식은 정부라는 공공기관의 존재에 신뢰를 보낼 가능성이 높다. 따라서 지지정당을 가지고 있을 경우 — 당파적 충성심이 강할수록 — 정부에 대한 신뢰가 그렇지 않은 무관심층보다 높을 것이다.[41] 심지어 정부가 자기가 지지하는 정당이 아닌 다른 정당이 집권하더라도 당파성이 높은 반대정당 지지자가 무당파나 정치적 무관심층에 비해 정부신뢰가 높다는 것이다(King, 1997). 반대로 정치적 무관심은 정부불신으로 이어질 가능성이 높다. 기존 정당들에 대한 무관심과 충성심 저하도 정치불신이 심화되면서 정부신뢰에 부정적 영향을 줄 것이다.

정부 정책에 대한 이해도가 높으면 정부에 대한 신뢰도 올라갈 것이다. 왜냐하면 정부가 어떤 조건 속에서 어떤 일을 하고 있는가에 대한 정보나 지식이 많기 때문이다. 높은 정책이해도는 정부의 신뢰에 긍정적 영향을 줄 것이기 때문이다. 한편 정부의 상황을 잘 이해할 수 있는 공공기관 종사자의 경우 정부에 대한 신뢰는 민간부문 종사자보다 높을

41) 그런데 최근 위에서 언급한 것처럼 후기물질주의 가치관의 확산으로 정부가 공식제도에 대한 권위상실이 두드러지고 있다. 이러한 사회분위기 속에서 정부기관과 같은 공식제도에 대한 애착심이 떨어지고 이는 정부신뢰의 추락으로 연결될 것이다(Inglehart, 1998).

수도 있다. 이는 아마도 공공기관 근무라는 귀속감이 정부신뢰에 긍정적으로 작용하기 때문일 것이다.

5) 사회인구학적 변인

정부신뢰는 시민의 교육, 소득, 직장, 성별, 나이 등에 따라서도 다를 수 있다. 대개 교육과 소득수준이 높을수록 기관이나 제도에 대한 신뢰가 높다. 왜냐하면 고학력 고소득층일수록 이들 공식적 제도나 기관으로부터 더 많은 혜택을 받기 때문이다(유석춘 외, 2002). 교육수준이 높을수록 정부역할이나 업무에 대한 정보와 지식이 많을 것이고 이는 정부신뢰에 긍정적 또는 부정적 방향으로 동시에 작용할 수 있다. 이로 인해 교육이 정부신뢰에 어떤 영향을 줄지 단언하기는 쉽지 않다. 고학력층의 경우 정부의 성과에 대한 여러 제약을 고려해서 정부성과를 비교적 관대하게 평가할 수도 있지만, 정부의 각종 부패나 문제점들에 대해 상대적으로 많은 정보와 지식을 가지고 있다면, 이는 정부불신을 초래할 수도 있다.

소득의 경우도 사회의 중간정도까지는 정부신뢰와 부의 연관성을 보이지만 일정 수준 이상에서는 이러한 연관성이 사라진다고 볼 수 있다. 즉, 소득이 낮을수록 정부에 대한 신뢰가 떨어지는 양자의 부정적 연관성은 중간 이상의 소득수준에서는 나타나지 않을 수 있기 때문이다. 한편 소득과 정부신뢰의 연관성보다 오히려 상위, 중위, 하위 소득자에 상관없이 모든 소득계층에서 정부불신이 증가하고 있다는 데 더 관심을 둘 필요가 있다. 대개 경제가 악화되면 정부를 원망한다. 이러한 일들이 쌓이면 원래 정부에 대한 신뢰가 높더라도 불신으로 돌아설 가능성이 높다. 경제적 낙오자들의 경우 정부불신이 높다는 것이다. 그런데 정부신뢰는 반드시 경제적 낙오자에만 국한된 것은 아니라고 한다. 경제적 승자도 정부에 대한 신뢰를 거두어들이는 경향이 있다는 것이다(Lawrence, 1998). 이는 좀 더 일반적이고 광범위한 정부신뢰에 대한 정치, 사회, 문화적 변화를 고려해야 함을 보여준다. 아직 소득과 정부신뢰의 관계가 선형성 또는 어떤 비선형성을 띠는지 알 수 없기 때문에 이 주제를 앞으로 탐구할 필요성이 크다.

나이(age)와 정부신뢰의 관계는 다소 복잡하다. 나이의 효과는 나이의 생물학적 특성, 특정 세대에 속한 관계로 동일 연령집단이 경험하면서 형성된 동료집단 효과, 특정시대에 나타나는 세대효과 등이 섞여 있기 때문이다. 이러한 이유 때문에 나이의 경우 정부에 대한 신뢰도에 영향은 선형성보다 비선형성을 띨 가능성이 크다. 예를 들면, 30~40대까지 정부에 대한 신뢰는 연령대에 따른 큰 변화가 없다가 50대 이후부터 상승하기 시작하여 60대부터 그 신뢰수준이 다시 크게 높아지는 형태의 비선형성을 가정할 수 있다. 노년층보다 젊은층의 경우에 있어서도, 이러한 정부비판 의식이 강하다면 정부신뢰는 연령이 올라갈수록 높을 것이다.

여성과 남성에 따라서도 정부신뢰는 차이가 있을까? 성별차이에 대한 논의를 일률적으로 정리하기는 어려우나 크게 두 가지 측면에서 성별에 있어 정부신뢰의 차이가 발생할 수 있다. 하나는 사회화과정에서 발생하는 성별의 차이가 상이한 정부신뢰로 연결될 수 있다. 예를 들면 여성의 경우 남성과 달리 공식적 제도보다는 비공식적 모임이나 단체를 중심으로 사회화가 이루어진다면 공식제도에 대한 신뢰는 남성과 다를 수 있다. 이러한 상이한 사회화과정은 정부와 같은 공식기구에 대한 상이한 정보와 지식을 접하고 이에 따른 상이한 이미지와 정향을 형성하기 때문이다. 만약 남성의 경우 여성보다 정부에 대해 강한 비판적 성향이 갖고 있다면 정부불신은 남성에게서 더 높을 것이다. 다른 하나는 성별의 생물학적 차이가 정부라는 공식제도에 대한 신뢰형성과 유지의 차이로 연결될 수도 있다. 그런데 이에 대한 연구를 수행하기가 어려워 관련 연구를 찾기가 쉽지 않다. 그동안 성별에 초점을 두어 정부신뢰를 체계적으로 연구한 실증분석은 드물다.[42] 다만 미국의 경우 고령층 여성의 정부에 대한 신뢰는 높다(Johnson, 2005; Rolin, 2004). 국내 남녀 대학생 690명을 분석한 이수인(2010)에 따르면 남학생이 여학생에 비해 정부신뢰 값이 높고, 일반신뢰가

42) 정부신뢰를 조사한 수많은 실증문헌들의 경우 성별 변인을 조사하여 그 결과를 보고하고 있지만, 분석자료의 특성과 연구모형, 연구시점과 장소에 따라 결과가 매우 다양하여 일률적으로 성별과 정부신뢰의 연관성을 찾기가 어렵다. 더군다나 성별이라는 변수에 초점을 두어 정부신뢰를 분석한 문헌도 많지 않다.

직간접적으로 정부신뢰로 연결되고 있었다. 여학생의 경우 일반신뢰의 영향이 정부신뢰로 직접 연결되는 경로는 존재하지 않았다. 기존의 연구를 보면, 성별에 따른 정부신뢰의 차이는 연구에 사용된 자료의 시점이나 장소에 따라 일관된 결과를 보여주지 않는다. 이에 따라 정부신뢰의 성별에 따른 차이가 예상되지만 심도 깊은 연구가 부족하다. 앞으로 성별과 정부신뢰에 대한 연구도 추가분석이 필요하다.

근무직장의 특성도 정부신뢰에 영향을 준다. 민간부문이 아닌 공공부문에 종사할 경우 정부에 대한 신뢰도가 상대적으로 높을 것이다. 왜냐하면 공공부문이 어떤 일을 얼마나 잘할 수 있는지에 대한 이해도가 높기 때문에, 동일한 수준의 정부성과에 대한 평가시 민간부문 근무자보다 공공부문 근무자가 더 높은 평가를 할 것이고, 이는 더 높은 신뢰로 이어질 것이다. Brewer & Sigelman(2002)에 따르면 연방정부의 신뢰수준이 연방정부에 근무하는 집단의 경우 그렇지 않는 집단보다 더 높다. 이처럼 정부기관에 근무할 경우 정부신뢰가 올라간다. 다만 가족 구성원 중에서 정부근무자가 있을지라도 이것이 더 높은 정부신뢰로 이어지지는 않는다. 정부기관에 대한 정보와 접촉 경험이 많을수록 정부에 대한 이해도가 높고 정부가 설령 잘못을 하더라도 그 상황이나 맥락을 이해하기 때문에, 정부와의 상호작용이나 접촉경험이 적은 집단에 비해 정부신뢰가 높을 것으로 예상된다. 반면 정부운영이나 기구 자체에 대한 불신이 높은 상태에서는 정부와의 접촉이 오히려 정부불신을 조장하는 경우도 있을 것이다.

도시보다 농촌지역의 경우가 제도나 정부기관에 대한 신뢰가 높다. 도시에 비해 농촌지역이 정부평가에 있어 관대하고, 관공서와의 거리감이 가까워 정부신뢰 또한 높을 것으로 예상된다. 한편 도시 또는 군 단위 지역 등 거주지에 따라 지방정부에 대한 신뢰가 다를 것이다. 도시보다는 군 지역에서 지방정부에 대한 신뢰가 높을 것으로 예상된다. 이는 군 지역의 경우 도시지역보다 지역주민과 지방정부의 상호작용이 밀접하게 일어날 가능성이 많기 때문이다.

미국의 경우 학력, 직업, 성별, 인종 등 모든 사회적 집단에서 정부에 대한 냉소가 증가했다(Orren, 1997: 84). 연령대는 응답자가 살아왔던 시대별 정부역할이나 당시의 정부 이미지와 연결되면서 세대에 따라 상이한 정부신뢰를 수반할 수 있다. 대체로 나이가 많을수록 정부에 대한 신뢰는 높다. 정부신뢰의 감소는 최근 30년 동안 일어나고 있는 추세이기 때문에 이러한 정부신뢰 하락 시기에 태어나 생활한 30～40대의 경우 50～60대에 비해 정부신뢰가 낮을 것이다. 그렇지만 미국의 경우 정부신뢰에 있어 세대간 차이는 없는 것으로 나타난다(Putnam, 1995).

6) 대통령과 정책성과의 상대적 영향력 비교

지난 1970년대부터 미국에서는 정부신뢰함수에 있어서 대통령과 정책이라는 두 변인의 영향을 둘러싼 논쟁이 있었다. 이는 정부신뢰함수를 이해하는 데 중요한 학계의 논쟁이기에 여기서 구체적으로 이를 살펴보고자 한다. 1974년부터 시작된 Miller(1974a; 1974b)와 Citrin(1974)의 정부신뢰함수의 논쟁은 1980년 후반과 1990년대 초반까지 계속되었다. Miller는 1960대 후반부터 1970년대 초반까지 나타난 미국 정부의 불신은 상당부분 정책에 대한 시민의 불만 때문이라는 주장을 폈다. 당시의 정책은 국민이 원하는 것과 괴리되면서, 이에 불만을 가진 시민이 정부를 불신했다는 것이다(Miller, 1974; Miller & Borrelli, 1991). 반면 Citrin(1974)는 대통령에 대한 지지가 정부신뢰의 결정적 요인임을 강조한다. Citrin(1974)과 Citrin & Green(1986)에 따르면 현직 대통령에 대한 지지와 대통령 개인의 특징이 정부신뢰에 가장 큰 영향을 주었다. 그럼 아래에서 이러한 Miller와 Citrin의 논쟁과정을 1970년대와 1980~90년대로 나누어 살펴보자.

(1) 1970년대 정부신뢰 결정요인 논쟁

① Miller의 주장

Miller(1974a)에 따르면 시민의 기대를 정부정책이 채워주지 못할 때 정부불신은 증가한다. 정부신뢰는 정치와 정책으로부터 시민이 느끼는 거리감을 통하여 측정될 수 있다. 특히 Miller(1974a)는 정치신뢰(political trust)를 정부에 대한 평가나 감성적 정향(affective orientation)으로 접근한다. 냉소주의(cynicism)와 같은 정부에 대한 부정적 정향이 정부신뢰에 큰 영향을 준다는 것이다. Miller는 이러한 주장을 뒷받침하기 위해 미시간 서베이 연구센터(The University of Michigan Survey Research Center)의 선거자료(1964, 1966, 1968, 1970년)를 활용하여 이에 대한 논거를 제시한다.[43] 첫째, Miller는 여기서 인종문제(racial issues)에 대한 개인의 견해를 정부신뢰의 간접적 평가지표로 활용하고 있다. 만약 정부의 흑백 통합정책에 찬성한다면 정부불신이 작을 것이고, 인종통합정책에 반대할 경우 정부불신은 클 것이라는 가설이다. 1964년의 설문조사에 따르면 인종통합정책에 반대한 사람은 정부개입을 찬성하는 사람에 비해 정부를 덜 신뢰하는 것으로 나타났다. 그런데 1970년에는 양자 간에 있었던 정부신뢰의 격차는 상당히 줄었다. 그 이유는 인종통합정책을 지지했던 집단에서 정부불신이 크게 증가했기 때문이다. 인종 통합정책의 성과가 국민이 기대와 달리 제대로 나타나지 않아 이에 실망한 집단의 정부신뢰가 크게 감소했기 때문이다. 둘째, 베트남 전쟁도 정부정책의 능력을

43) 여기서 정부신뢰의 측정은 다음과 같이 다섯 개의 설문문항을 사용하고 있다. ① 워싱턴에 있는 정부가 올바른 일을 하고 있다고 신뢰하고 있는지? ② 정부가 그들의 이익을 추구하고 있다고 생각하는지 아니면 시민의 이익을 위해 일하고 있다고 생각하고 있는지? ③ 정부가 시민이 낸 세금을 낭비하고 있다고 생각하는지? ④ 정부에서 일하는 대부분이 자신들이 무엇을 해야 하는지를 잘 아는 사람이라고 생각하는지? ⑤ 정부에서 일하는 사람이 다소 부정한 사람이라고 생각하는지? 특히 여기서 Miller(1974)는 정부정책에 대한 백인과 흑인간의 인종 간 견해 — 감정적 정향주의 대리 측정지표 — 비교를 통해 정부불신(cynicism)의 이유를 설명한다.

검증하는 좋은 지표로서 정부신뢰함수에 있어 중요한 위치를 차지한다. 베트남 전쟁 수행능력을 불신하거나 전쟁과정이나 결과에 실망할수록 정부불신은 높아질 수밖에 없다. 특히 베트남 전쟁의 확장을 지지한 집단에서 나타난 실망감은 정부불신을 크게 악화시킨 것으로 평가된다.

② Citrin의 반박

Citrin(1974)는 1964년부터 1972년 National Election Study의 자료를 통하여 Miller(1974a)의 논의를 반박하고 있다. 정부불신은 단순히 정부정책에 대한 소외감이라기보다는 대통령에 대한 지지나 실망감에서 상당부분 비롯된다. 대통령은 그 역할로 볼 때 정치지도자로서 그리고 최고 행정부 수반으로서 개인적 차원뿐만 아니라 미국 정부를 대표하는 가장 적합한 기관이나 정책결정자라는 것이다. 첫째, 정치적 냉소주의는 Miller(1974a)가 강조하는 정부체제의 가치나 절차보다는 오히려 현직 정부 당국자들(incumbent authorities)에 대한 불만에 기인한다. 정부를 자랑스럽게 여기는 사람이 오히려 정부신뢰가 낮은데, 이는 정부를 운영하는 사람에 대한 실망감 때문이다. 정부에 대한 불만이 냉소주의(cynicism)를 높이는 것이 사실이지만 정치지도자에 대한 그것에는 무엇보다 정치인에 대한 실망감이 깊이 자리 잡고 있다. 닉슨 대통령의 워터게이트 사건 이후 워싱턴 정치인에 대한 국민의 실망감이 컸고, 정부신뢰도 덩달아 떨어졌다. 둘째, 무엇보다 대통령에 대한 신뢰가 높을수록 정부신뢰가 높다는 것이다. 즉, 1964년의 존슨(Johnson) 대통령과 1968년과 1972년 닉슨(Nixon) 대통령에 대해 높은 신뢰를 보일수록 정부신뢰가 높았기 때문이다. 특히, 정부신뢰에 대한 예측변인으로 지지정당 선호보다 대통령 후보자 선호가 더 적합하다는 것이다. 예를 들면, 1964년 대통령 선거에서 존슨 대통령 후보를 지지한 사람과 1972년 선거에서 닉슨 대통령 후보를 지지한 사람의 경우 그렇지 않은 사람에 비해 정부신뢰가 약 두 배 정도 높았다. 나아가 정부신뢰와 현직 행정부 지도층간에는 긍정적인 상관관계가 존재한다. 현직 대통령과 부통령에 대해 긍정적으로 평가할수록 더 정부를 신뢰한다.

③ Miller의 재반박

Miller(1974b)는 이런 Citrin(1974)의 주장을 재반박한다. Citrin(1974)는 정부신뢰의 감소는 단지 현직 대통령에 대한 불만에 기인함을 주장한다. 그러나 비록 현직 대통령에 대한 불신이 존재하더라도 다른 형태의 불신이 더 지배적으로 존재하기 때문에 Citrin의 주장에는 한계가 있다는 것이다. Miller에 의하면 정치적 냉소주의는 정부의 무반응(unresponsive), 제도개혁에 대한 시민의 실망, 정치적 비효율성에서 기인한다. 미국에서 정부불신의 증가는 정부에 대한 불만족의 증가라는 것이다. 정부불신과 대통령 지지투표 사이에는 표면적으로 긍정적 관계가 존재하지만, 그 이면에는 정치적 이데올로기나 인종편향이 있다는 것이다. Miller(1974b)는 정책불만이 단순히 개인의 정치적 성향에 따라 좌우되지 않는다고 주장한다. 흑인 민주당원의 경우, 인종편향이 아니라 민주당과 공화당의 정책불만에 대한 의견을 제시한다는 것이다. 왜냐하면 당시 양당의 정책에 대한 흑인의 불만이 증가했기 때문이다. 정부신뢰는 대통령이나 정당의 지지변인보다 정책에 대한 평가와 주로 관련이 있다. 예를 들면, 행정부의 정책성과에 대한 평가와 정부신뢰는 당시 대통령 개인에 대한 지지보다는 오히려 정책 (불)만족과 직접 더 큰 관련성을 갖기 때문이다.

(2) 1980~90년대 정부신뢰 결정요인 논쟁

위에서 서술한 것처럼 1974년 Miller와 Citrin의 정부신뢰 결정요인에 대한 논쟁은 1980년대 후반과 1991년 초반에까지 지속되었다. Citrin는 1986년 논문에서, Miller는 1991년 논문에서 각각의 실증분석을 통하여 상대측의 주장을 반박하면서 자신의 주장을 지속적으로 제시하고 있다. 특히 1974년의 Citrin과 Miller 간의 논쟁은 정부신뢰가 대통령의 국정운영 능력이나 인기도에 의해 더 큰 영향을 받는 것인지 아니면 인종문제나 베트남 전쟁 등과 관련된 정책역량에 의해 더 큰 영향을 받는 것인지를 둘러싼 논쟁이었다. 당시 이 논쟁과 후속 연구를 통하여 다음과 같은 세 가지 쟁점이 부가되었다. 첫째는 현재 백악관에 있는 대통령에 대한 대중적 인기와 정부신뢰의 관련성이다. 둘째는 경제나 복지문제 등 당면과제를 해결하는 행정부의 능력이

가시적인 성과로 나타날 경우 정부신뢰의 변화이다. 셋째는 정책만족이나 불만 등 주관적 정책평가가 정부신뢰에 미치는 영향이다(Miller & Borrelli, 1991).

① Citrin의 추가 주장

Citrin과 Green(1986)은 1980년부터 1984년까지의 National Election Study(NES)를 통해서 미국 정부와 지도층에 대한 정부신뢰의 증가를 실증적으로 보여준다. 비록 레이건 대통령과 레이건 행정부 정책에 대한 지지가 부족함에도 불구하고 성별, 계층, 지역에 무관하게 정부신뢰는 1980년보다 1984년에 더 증가했다. 그런데 이러한 정부신뢰의 증가가 현직 대통령에 대한 지지와 분명히 관련되어 있다는 데 주목할 필요가 있다. 특히 1980년과 1984년 사이의 정부신뢰 증가는 공화당원뿐만 아니라 민주당원에서도 나타났다. 레이건 대통령 당선 초기에 그의 능력에 대해 비판하던 민주당원이 1982년과 1984년에 레이건 대통령의 성과에 대해 지지를 보냈기 때문이며, 레이건 대통령의 강한 리더십에 대한 시민의 선호가 증가했기 때문이다. 이런 강한 지도자로서의 레이건 대통령에 대한 긍정적 평가는 레이건을 지지하지 않았던 시민에게뿐만 아니라 경제가 하락하는 상황에서도 정부(정책)가 효율적이라는 좋은 인식을 주었다. 이와 같이 현직 대통령에 대한 좋은 이미지가 정부신뢰를 결정적으로 좌우할 수 있다는 것이다.

Miller는 현재 정부 정책에 대한 동의는 정부신뢰를 결정하는 중요한 요인이라고 주장하고 있다. 그러나 시민의 정책성향은 변덕스럽다는 것이다. NES 자료에 의하면 1970년대 미국 시민의 보수성은 1980년에는 지속되지는 않았다. 예를 들면, 1970년대의 소수인종, 사회 서비스와 국방서비스 감축에 대한 보수적 성향은 1980년에 들어와서는 자유주의 시각으로 변화했다. 또한 1980년 당시 사회지출 증가를 지지하는 반면 국방비지출은 감소하길 원했지만 1984년에는 양 부문 모두에서 정부지출 증가를 원했다. 이러한 변화에 근저에 레이건 대통령 개인의 리더십이 작동하고 있다는 것을 Citrin은 제시하고 싶은 것이다.

Citrin과 Green(1986)은 1980년, 1982년, 1984년 자료를 사용하여 시민의 정책선호가 정부신뢰를 증가시키는지를 살펴보았다. 그러나 정부정책 선호와 정부신뢰 사이에는 약한 상관관계가 존재할 뿐이었다. 따라서 정책선호보다는 대통령 신뢰 상승에 따른 정부신뢰 상승으로 볼 수 있다는 것이다. 실제 현직 대통령에 대한 지지와 정부신뢰가 서로 밀접한 관계가 있다는 것은 놀라운 사실이 아니다. 의회나 사법부 등과의 협력을 이끌기 어려운 상황에서 대통령은 라디오나 텔레비전 등의 언론을 통하여 국민들에게 지지를 호소한다. 대부분의 시민은 대통령을 정부기관의 중심으로 인식하고, 대통령을 모든 정책에서의 책임자로 바라보기 때문이다. 이를 근거로 Citrin과 Green(1986)은 ‘대통령 개인의 자질에

대한 시민들의 존경은 정부신뢰를 증가시킬 것이다'라는 가설을 제시하였다.[44)]

② Miller의 추가 주장

Miller와 Borrelli(1991)도 National Election Study를 통해서 1980년부터 1988년까지 미국의 정부신뢰 변화를 조사하였다. 특히 1986년에 발생한 Iran-Contra 무기 스캔들은 정부신뢰에 대해 관심을 가지는 계기가 되었다. Miller 등은 이 기간 동안의 신뢰변화를 대통령 리더십과 정부 정책에 대한 불만이 정부신뢰에 어떤 영향을 미치는지를 이론 및 실증적 분석을 통하여 살펴보고 있다.

1986년 이란 무기 스캔들이 언론에 의해 보도된 직후 레이건 대통령에 대한 신뢰는 감소하였지만 정부신뢰는 이란 무기 스캔들이 발표되기 이전인 1984년부터 이미 감소하였다. 이런 현상은 만약 정부신뢰가 대통령의 인기도와 무관하게 움직일 수 있다는 것을 시사한다. 1980년과 1984년의 정부신뢰의 일시적 상승을 대통령의 인기나 역량에 따른 현

---

44) Citrin과 Green(1986)은 1980, 1982, 1984년 각년도 NES 서베이 자료를 활용하여 대통령 후보자에 대한 능력, 지식, 정직 등 자질과 정부신뢰의 연관성을 실증분석 하였다. 여기서 대통령에 대한 바람직한 능력과 정부신뢰 간에는 높은 상관관계가 나타났다. 또한 정부신뢰의 감소는 대통령 등 정부 최고관리층을 부도덕하거나 무능하다는 시민이 인식과 관련된 것으로 나타났다. 예를 들면, 워터게이트 사건시에 백악관에 대한 진실성에 대한 의심은 정부신뢰를 감소시켰다. 반면에 레이건 대통령 개인에 대한 능력에 대한 평가는 정부신뢰를 회복시키는 데 기여했다.

상으로 보기도 하지만, 이는 일시적 우연한 현상에 불과하다는 것이다. Citrin의 주장은 정부신뢰를 설명하기에는 기간이 너무 짧고, 소수의 사례에 한정되기 때문이다. 오히려 이 시기에 이와 상반되는 결과도 존재한다. 1982년 경기침체기 동안 레이건 대통령의 인기는 하락하였지만 정부신뢰는 증가하였다. 반면 1984년과 1986년에 레이건 대통령의 신뢰는 증가했지만 정부신뢰는 오히려 감소했다. 대통령 인기와 정부신뢰가 오히려 상반되게 나타날 수도 있다는 것이다.

대개 대통령의 국정수행 능력은 정부신뢰와 강한 관계를 가진다.[45) 그러나 이는 대통령 개인에 대한 대중성보다는 대통령이 얼마나 정책문제들을 잘 해결하고 있느냐의 평가에 의한 것이다. 예를 들면, 비록 카터 대통령의 정직성과 진실성은 의심할 여지가 없었지만 그는 강하고 효율적인 리더로 인식되지 못했다. 반면에 임기 초기에 레이건 대통령의 성격은 정직하고 능력 있는 사람으로 인식되지 못했지만 4년 후에는 그의 성과에 의해서 대중적 이미지가 개선되었다.[46)]

45) 미국의 정부체제에서 대통령이 차지하는 중요성은 매우 크다. 따라서 대통령에 대한 대중의 인기가 정부신뢰에 실질적인 효과를 미친다는 주장은 한편으로 타당성이 있다. Citrin은 1960년대 중반에서 1970년대 초까지의 정부감소와(Citrin, 1974) 1980년에서 1984년까지 정부성과나 정책보다는 레이건 대통령의 대중성에 따른 정부신뢰 증가를 설명하는 데 기여했다(Citrin and Green, 1986). 그러나 대중에게 인기가 부족했던 닉슨, 포드, 카터 대통령에 대한 신뢰하락은 그들의 대통령직에 대한 것뿐만이 아니라 그들이 대표하는 정부기관들과 모든 정치인들에 대한 불신에 기인한 것으로 볼 수 있다.

대통령 개인에 대한 평가는 전반적인 정부신뢰의 시대적 흐름을 설명하거나, 정책(불)만족의 영향력을 넘어서서 정부신뢰함수에 결정적 영향을 주지 못한다. 대통령 개인의 특성에 대한 시민들의 평가가 정부신뢰에 영향을 주지만, 정책에 대한 만족도나 경제성과 변인이 더 큰 영향을 주기 때문이다. 정부신뢰함수에 있어서 레이건 대통령의 개인적 영향력이 크게 발휘되었다고 믿었던 1980년대의 경우도, 1984년과 1986년의 정부신뢰 감소를 조사해 보면, 정책효과와 경제성과가 더 큰 영향을 준 것으로 나타났으며, 대통령 개인 변인과 관련된 영향은 없었다.

결론적으로 1980년부터 1984년까지 정부신뢰의 증가는 레이건 대통령을 강한 리더로 인식하였기 때문이었다. 그러나 1984년 이후부터 대통령 개인의 특성에 '동정심(compassionate)'의 변수를 추가하였을 때 대통령 리더십과 도덕성의 상관관계는 더 이상 통계적으로 유의미하지가 않았다. 또한 정부신뢰의 감소는 1984년 이후의 정책 불만족의 증가에 기인하는 것임을 알 수 있었다. 1984년 이후 레이건 행정부는 재정적자에도 불구하고 엄청난 돈을 군사비에 지출했다. 그

---

46) 카터 대통령은 임기말년에 사회보장 정책은 '복지사기꾼(welfare cheaters)'이라는 비난과 이란에서의 인질 구출 작전의 실패에 따른 비난을 감수해야 했다. 이런 카터 행정부의 정책에 대한 불만은 1980년의 정부신뢰 위기와 관련이 있다. 반면에 레이건 대통령은 사회프로그램 범위의 감축과 세금감면 그리고 군비지출의 증가를 통하여 이런 정부불만에 효율적으로 대처했다. 이와 같은 레이건 대통령의 조치들은 정책 만족을 증가시켰고 정부신뢰를 회복시켰음이 분명하다.

리고 세금개혁법은 민주당과 공화당 모두에게 지지를 얻지 못했다. 따라서 민주당원들은 레이건 행정부의 정책들을 무모하고 불평등하게 받아들인 반면 공화당원들은 정부역할이 감소했거나 전통적 가치를 증대시키는 데 부족하다고 느꼈다. 따라서 레이건 대통령 재임기간 동안의 정부신뢰 증가와 감소는 시민들이 대통령 개인의 특징과 행정부의 정책들에 대해서 어떻게 반응하는지에 대한 결과 때문이라는 것이다.

2. 정부신뢰 함수의 새로운 쟁점

1) 정부신뢰 속성의 재음미

정부신뢰를 결정짓는 2가지 주요 속성은 역량(neutral competence)과 반응성(responsiveness)이다. 역량은 얼마나 믿을 만큼 기대에 맞게 일을 잘 수행하는가이며, 반응성은 믿음직스럽게 일을 하는 태도와 과정이다. 전자는 정부능력과 관련된 신뢰속성이며 후자는 정부가 국민을 상대로 일하는 태도나 절차인데, 정부에 대한 태도를 통해 느끼게 되는 신뢰속성이다.

(1) 정부역량과 반응성의 함수로서 정부신뢰

정부의 역량이 높다면 정부신뢰도 높아질 것이다. 정부역량을 국민의 기대수준을 얼마나 잘 충족시키는가를 중심으로 판단한다면, 정부역량과 정부신뢰는 긍정적 관계를 가질 것이다. 최근 정부성과에 대한 많은 논의도 정부신뢰와 연결시킬 수 있다. 정부성과와 정부신뢰 사이에는 상당한 논란이 있다. 정부의 반응성(responsiveness)은 국민과 접촉 과정에서 형성되는데, 이것이 정부신뢰에 영향을 준다. 정부가 아무리 뛰어난 성과를 보이더라도 국민에 대해 이를 제대로 알리지 않거나 왜곡된 정보를 줄 경우 소통부재로 정부신뢰는 기대만큼 올라가지 않을 것이다. 정부성과를 겸손하게 국민에게 전달하는 소통하는 자세가 필요하다. 국민의 눈에 정부가 거만하게 비칠 경우 또는 정부주도의 일방주의로 비칠 경우 정부성과가 좋더라도 정부신뢰는 오히려 떨어질 것이다. 이처럼 정부신뢰에 있어 정부반응성의 중요성은 정부가 좋은 성과를 보여주더라도 국민이 이를 오해하거나 아니면 국민이 무시된다는 느낌을 가질 경우 정부에 대한 신뢰를 보내지 않을 것이라는 데서 잘 드러난다.

(2) 정부신뢰의 속성: 보완성, 대체성, 고갈가능성, 전염성

정부신뢰는 여러 가지 속성을 가진다. 그 중에서도 보완성, 대체성, 고갈가능성, 전염성이라는 특성을 고려해 볼 필요가 있다. 먼저 보완성의 경우 유관기관간 정부신뢰 또는 유관기관과 기관장 사이의 신뢰 간에 보완적 속성이 있다는 것이다. 중앙정부의 신뢰가 지방정부의 신뢰상승으로 또는 중앙행정기관장에 대한 신뢰상승으로 함께 나타날 수 있다는 것이다. 반대로 지방정부의 신뢰감소가 중앙정부의 신뢰감소로도 이어질 수 있다. 또한 연방(중앙)정부의 신뢰감소는 지방정부의 신뢰증가로 이어질 수도 있다.

반면 미국의 경우 최근 지방정부의 신뢰는 다소 올라가거나 현상유지를 하는 반면 연방정부의 신뢰는 지속적으로 감소해 왔다. 겉으로 드러난 양자 사이의 신뢰변동은 대체성을 띤다. 또한 선호하는 정당이 다를 경우 반대정당에 대한 신뢰는 떨어지지만, 지지정당에 대한 신뢰는 오히려 상승하는 대체성을 띨 수 있다. 물론 정당일체감이 강할수록 반대정당에 대한 신뢰도 무당파에 비해 높을 수 있지만 신뢰의 대체성이라는 속성을 고려할 때 민주당원의 민주당에 대한 높은 신뢰는 공화당에 대한 불신으로 연결되기 때문이다.

신뢰는 고갈되는 자원의 속성을 가진다. 특정개인에 대한 신뢰가 높을수록 — 편애가 있을 경우 — 오히려 타인에 대한 신뢰는 감소할 수 있다. 신뢰자원이 무한정 나오는 것이 아니라 일정분량으로 한정되어 있다면, 특정 대상에 대한 높은 신뢰는 다른 대상에 대한 낮은 신뢰로 이어질 수밖에 없다는 것이다. 따라서 정부신뢰를 조사할 때, 여러 정부기관 중 특정 기관에 대한 신뢰가 높다면 다른 기관에 대한 신뢰는 상대적으로 떨어질 수 있다는 것이다. 물론 특정기관에 대한 높은 신뢰가 상대적으로 다른 기관에 대해서도 높은 신뢰를 가질 수도 있다. 앞으로 이러한 '신뢰자원의 고갈 가설'은 실제 자료를 가지고 실증연구를 통해 규명해야 할 부분이다.

한편 일반사회신뢰나 개인신뢰의 감소 또는 증가가 정부신뢰와 어떤 연관성을 갖는가도 이러한 대체성과 보완성의 관점에서 검토해 볼 수 있다. 지난 50년간 추이를 보면, 개인신뢰나 사회신뢰는 정부신뢰와 함께 감소하는 경향을 띤다. 포스트모더니즘(post modernism)의 대두는 개인이나 사회신뢰의 해체를 의미할 수도 있으며, 특히 전통적 권위에 대한 도전을 수반하는데, 이는 정부신뢰의 감소와 연결되어 논의될 수 있다(Inglehart, 1997).

신뢰의 전염성은 신뢰함수가 가진 선순환적 특성을 통해서 나타난다. 높은 신뢰는 보다 많은 행복을 가져오고 이는 더 높은 신뢰로 이어진다. 신뢰와 경제성과의 관계도 마찬가지이다. 그 밖에 신뢰가 많을수록 거래비용이 줄어들고 이는 다시 더 많은 신뢰를 쌓으면서 고도의 신뢰사회를 구축할 수 있다. 여기서 신뢰가 선순환 또는 불신의 악순환이 어떤 계기를 통해 만들어지고 그 분기점이 어디서 어떻게 형성되는가에 대한 연구가 필요하다.

2) 정부성과와 신뢰를 둘러싼 논란[47]

(1) 정부성과와 정부신뢰 사이에 영향을 주는 매개변인

정부성과의 향상은 정부신뢰에 긍정적 영향을 줄 것이다. 이러한 논리는 최근 신공공관리론(New Public Management)

47) 성과와 신뢰의 복잡한 연결고리에 대한 논의는 Yang & Holzer(2006)의 논의를 주로 참고하였다.

이나 신공공서비스론(New Public Service)에서 잘 나타났다. 하지만 양자의 관계는 정부성과나 공공관리 분야에서 중시되는 요인에 의해 다양한 양상을 띤다. 여기에는 중요한 매개변인의 영향을 고려해야 하는데, 구체적으로 다음과 같은 요인을 꼽을 수 있다.

첫째, 정부성과에 대한 국민의 기대이다. 기대와 성과 사이의 격차가 클수록 정부에 대해 실망하고 이는 정부불신으로 이어진다(Huseby, 2000; Nye 외, 1997). 실제 과거에 비해 정부성과가 향상되었음에도 불구하고, 여전히 정부신뢰가 감소하는 것은 국민이 기대하는 성과와 실제 성과 사이에 상당한 괴리가 있기 때문이다.

둘째, 정부에 대한 태도이다. 애초부터 정부에 대한 불신 또는 신뢰 정도에 따라 정부성과에 따른 신뢰형성은 달라진다. 정부를 불신할수록 어지간한 정부성과의 향상은 신뢰 향상에 도움을 주지 않을 것이다. 반면 이미 정부에 대한 신뢰가 높을 경우, 약간의 정부성과 향상도 신뢰 향상에 긍정적 영향을 줄 것이다(Miller & Borrelli, 1991; Pew Research Center, 1998). 나아가 자신이 지지한 정당이 집권할 경우 집권당의 성과에 대한 평가는 관대하고 이에 대한 신뢰도 올라갈 것이다. 반면 현 집권당을 지지하지 않을 경우, 집권당에 의해 움직이는 정부의 성과향상은 정부신뢰에 유의미한 영향을 주지 못할 것이다.

셋째, 정부성과를 바라보는 틀에 따라 정부신뢰에 대한 정부성과의 영향은 다를 수밖에 없다. 국민이 피부로 느끼는 분야에 있어 정부성과가 올라간다면, 쉽게 정부성과를 체감할 수 있고, 이는 그대로 정부신뢰로 이어질 수 있다. 하지만 눈에 잘 보이지 않는 장기적 성과일 경우 정부성과를 느끼기 어렵고, 이에 따라 실질적으로 중요한 정부성과의 향상이 있음에도 불구하고 이를 제대로 인식하지 못하게 되어 정부신뢰는 올라가지 않을 것이다. 결론적으로 정부성과는 시민의 주관적 인식함수라는 것이다. 따라서 정부성과에 대해 국민이 가진 편견이 있다면, 객관적 증거를 통해 이를 해소하고(Bok, 1997), 나아가 적극적 소통을 통해 성과를 제대로 알고 평가할 수 있도록 해야 한다(Shaw & Reinhart, 2001). 객관적 정부성과 향상에도 불구하고 여전히 부정적 인식에 근거해서 정부성과를 평가한다면 정부신뢰는 성과향상에 맞추어 올라가지 않을 것이다.

넷째, 정부성과를 바라보는 틀(프레임)에 따라 정부신뢰는 크게 달라질 수 있다. 정부의 어떤 성과를 더 중요하게 또는 덜 중요하게 생각하는가이다. 지난 50년간 정부신뢰는 덴마크 등 몇 나라를 제외하고는 지속적 하락추세를 보였다. 여기에는 인터넷의 등장으로 정부의 각종 스캔들이나 부패가 급속히 알려지는 등 여러 원인이 있지만, 한편으로는 정부성과를 바라보는 틀을 꼽는다. 실제 냉전이 종식되면서 민주주의 확장이라는 거대물결이 세계를 휩쓰는 순간에도 민주주의에 바탕을 둔 정부운영에 대한 신뢰는 오히려 떨어졌다. 사회주의체제와 비교할 때 분명 자유진영의 정부신뢰는 올라가야 마땅하나 오히려 냉전시대보다 더 떨어졌다.[48] 특히 정부가 당면한 현안의 경우 얼마나 이를 잘 정부가 해결하는가를 판단하는 데 시금석이 된다. 정부가 이에 적절히 잘 대처하면 정부신뢰가 상승하고 그렇지 않으면 불신이 오히려 급속히 확산되는 것이다. 정부가 잘 할 때보다 못할 때 정부불신이 크게 확산되는 인지오류도 있다. 경기가 좋을 때 정부에 대한 신뢰상승보다 불경기로 인한 정부불신의 상승이 상대적으로 더욱 크게 나타난다. 전쟁이나 재난이 갑자기 발생할 경우 국민이 똘똘 뭉쳐 정부와 지도자를 신뢰하는 결집효과(Rally around the flag effect)가 나타난다(Mueller, 1970). 이 경우 정부신뢰는 종전의 정부신뢰 함수로 설명하기 어려운 비정상적 모습으로 나타난다(Hetherington & Nelson, 2003).

---

48) 공산권과의 대치가 첨예했던 냉전 기간인 50~60년대에는 많은 국민들이 정부를 신뢰했다. 그러나 민주주의, 즉 미국의 승리와도 같은 냉전의 종식이 높은 정부신뢰를 가져오지는 못했다. 성과가 신뢰를 결정한다는 종전의 성과주의 입장이 옳다면, 적어도 냉전기간보다는 정부신뢰 수준이 높게 나타났어야 했다. 그러나 상황은 이들의 예상과 정반대였다. 종전 당시 정부신뢰 수준은 오히려 냉전기간보다도 낮게 나타났던 것이다. 반면 9.11 테러 직후 정부에 대한 신뢰가 거의 60년대 수준까지 급격히 높아졌다. 조지 W. 부시 재임 시절 어려웠던 경제상황을 고려해 봤을 때, 이러한 높은 수준의 정부신뢰를 정부성과 때문이라고 설명하기 어렵다. 9.11 테러 때문에 대통령과 연방정부에 대한 신뢰가 갑자기 상승했던 것이다. 정부의 성과에 대한 인식이 정부신뢰에 큰 영향을 주지만, 때로는 이와 무관하게 정부신뢰 함수가 작동될 수 있다(Citrin & Green, 1986; Hetherington, 1998; Miller & Borrelli, 1991).

그 밖에도 정부성과를 보는 틀은 효율성, 형평성, 청렴성, 반응성 등 여러 가지가 있다. 정부정책의 형평성을 중시하는 시민이라면 정책의 형평성 향상에 초점을 둘 것이며, 아무리 효율성이 올라가더라도 이를 좋게 평가하지 않을 것이다. 이 경우 정부 효율성 향상이 정부신뢰로 연결되기는 어려울 것이다. 정부서비스의 효율성, 형평성, 시간적 적절성, 청렴성 등 여러 요인이 있는바, 이들 요인 중에서 어떤 요인을 시민이 더 중시하는가에 따라 정부성과 향상에 따른 정부신뢰 향상이 달라질 것이다(정광호 외, 2011). 특히 정부가 시민이 원하는 일을 하지 않고 엉뚱한 일을 아무리 열심히 잘한다고 한들 이에 대한 시민의 평가는 부정적일 것이다. 이 경우 정부가 일을 잘한다고 해서 정부신뢰가 향상되지는 않을 것이다.

이상의 논의는 정부신뢰가 정부의 역할이나 기대에 대한 프레밍에 의해 좌우될 수 있음을 시사한다. 무엇보다 국민이 원하는 것을 제때 적절히 하지 못하면 정부신뢰가 크게 떨어진다는 것이다. 특히 국민이 원하는 것을 잘할 때 정부신뢰의 상승폭보다 못할 때 하락폭이 더욱 크게 나타난다는 것이다. 한편 국가위기 상황이 올 경우 애국주의에 바탕을 둔 결집효과로 인해 정부신뢰가 급격히 상승할 수도 있다.

다섯째, 성과를 개별 기관이나 개별 서비스 분야별로 평가하지 않고 전체로 집약해서 보여준다면 실제 정부성과와 정부신뢰 사이의 정확한 연관성을 파악하기 어렵다(Van de Walle & Bouckaert, 2003). 특정 공공서비스나 행정기관은 뛰어난 성과를 거두고 있어, 이에 대한 국민의 신뢰가 높지만, 나머지는 국민신뢰가 낮을 수 있다. 그런데 이를 합산하여 집합수준에서 정부성과와 정부신뢰 사이의 연관성을 파악하자고 한다면 생태학적 오류(ecological fallacy)가 발생할 수 있다. 나아가 정부신뢰가 영역별·기관별로 상당히 다를 것이라는 점이다. 행정부와 입법부의 신뢰가 다를 것이다. 중앙행정기관과 지방정부의 신뢰함수가 다를 것이다. 그 외에도 청와대와 대통령의 신뢰함수가 반드시 동일하지도 않을 것이다. 이처럼 정부신뢰가 작동하는 영역은 개별 조직, 기관, 관할영역에 따라 상당히 다르다는 것을 염두에 둘 필요가 있다.

(2) 정부성과와 관련된 주요 쟁점

이상의 논의를 요약해 보면, 정부성과와 신뢰 사이에는 적어도 다음과 같은 요소가 핵심이 된다. 무엇보다 국민이 원하는 바를 정확히 파악하여 이를 중심으로 정부가 일을 추진해야 한다. 다음으로 정부가 성과 그 자체에서 좋은 결과를 얻더라도 성과를 만드는 과정과 성과의 결과물에 대해서 국민과 적극 소통하여 어떤 과정을 거쳐 이러한 결과가 나왔는가를 잘 알리고 설득할 필요가 있다. 특히 정부성과 그 자체보다는 성과가 만들어지는 과정이 불투명하고 불공정하며 불통일 경우 이에 대한 국민의 불만이 커지고 이로 인한 정부신뢰 감소가 클 것이라는 점이다(Hibbing & Theiss-Morse, 1995). 이와 관련하여 정부성과평가에 있어 시민참여를 유도하며 정부성과에 대한 수용력을 높인다면 동일한 정부성과 수준에서 더 나은 정부신뢰함수의 결과를 낼 수도 있다.[49)]

위에서 언급한 것처럼 정부신뢰의 속성은 정부역량이나 능력보다는 정부가 국민과 소통하는 방식 또는 정부가 국민을 대하는 방식에 따라 오히려 더 큰 영향을 받을 수도 있기 때문이다. 한편 정부신뢰 함수와 정부의 불신함수가 다를 수 있음에 유의해야 한다(Luhman, 1979). 특정 요인은 정부신뢰에는 영향을 주지만, 불신에는 영향을 주지 않을 수도 있다. 거꾸로 어떤 요인은 정부불신에는 영향을 주지만 정부신뢰에는 영향을 주지 않는다. 그 밖에도 정부성과가 정부신뢰의 주요 요인이 아닐 수도 있는데(Sims, 2001; Van de Walle & Bouckaert, 2003), 이 경우 정부성과와 정부신뢰 사이의 연관성에 대한 연구는 다른 방향으로 진행되어야 할 것이다.

49) 정부성과평가에 시민참여를 확대하면, 정부신뢰를 높일 수 있다(Wang, 2001). 평가에 참여할 경우 정부에 대한 이해가 높아져 정부성과에 대한 관대한 평가를 하며, 참여가 없는 경우와 비교할 때 이는 동일한 성과수준에서 정부를 더 신뢰하는 결과를 가져올 것이다.

3) 증거기반 정부와 정부신뢰

(1) 증거기반 정책의 원리와 정부신뢰

증거기반 정부(Evidence based Government)는 정부가 정책을 결정하고 집행함에 있어서 과학적 증거에 바탕을 둠으로써 국민의 입장에서 볼 때 정책의 수용가능성과 이해의 폭을 넓히기 위한 것이다. 단순히 객관적 증거만 가지고 판단하는 것이 아니라 정부가 사용하는 각종 자료와 통계에 대한 객관성을 바탕으로 국민과 소통하여 자료에 대한 해석과 활용에 있어 공감대를 높이는 것까지 포함한 개념이다. 그런데 지금까지 한국 정부의 정책과정을 살펴보면, 우선 객관성과 타당성을 가진 자료에 바탕을 두었다고 보기는 어렵다. 상당수의 정책에 있어서 정부가 사용한 정책의 증거자료가 부실하여 정책의 부작용과 성과부족을 초래해 지속적으로 오류를 수정한 사례가 많았던 것이다. 그동안 예비타당성 조사를 둘러싸고 불거진 각종 논쟁이 여기에 해당한다고 볼 수 있다. 경인운하 사례의 경우 정권에 따라 타당성 결과가 판이하게 달라 정부정책에 대한 불신을 낳았다. 정부가 객관적 자료를 활용하더라도 이해당사자와 충분한 공감대를 바탕으로 충분한 이해와 설득을 시도하지 않는다면, 오히려 정책갈등을 초래할 수도 있다. 최근 동일한 자료를 두고 상이한 해석과 이견 때문에 오히려 정책갈등이 커지고 정부신뢰가 훼손된 사례가 많다. 앞으로 정부가 민감한 정책사안의 경우 초기 증거자료의 수집과 정리단계에서부터 전문성과 객관성을 높이고, 투명성을 높여 이해당사자의 참여와 소통을 통해 갈등의 소지를 줄이면 자연스레 정부신뢰는 높아질 것이다.

(2) 주요 국가기관의 정책판단 기준의 타당성

정부신뢰는 정책기준이 일관되고 예측가능해야 확보될 수 있다. 그렇지 않고 정부재량행위로 인해 예측이 어렵고, 정부와 친소관계나 그 밖에 다른 요인으로 결정이 다양하게 나타날 가능성이 높으면, 정부를 신뢰할 수가 없을 것이다. 국민생활에 직결된 행정처분이나 각종 행정행위의 경우 일관성과 예측가능성을 갖추어야 하며, 그렇지 않을 경우 행정에 대한 불신이 커질 수밖에 없다. 특히 검찰, 국세청, 국가정보원, 경찰청, 공정거래위원회 등 국가 핵심권력기관의 경우 더욱 그렇다. 그동안 한국사회에서 논란이 된 전관예우의 문제도 바로 국가권력을 이용해 미래시점에서 부패행위를 용인하는 것인데, 이에 대한 국민의 불만이 크다. 이는 한국 정부의 신뢰를 떨어뜨리는 주요 요인이라 볼 수 있다.

예를 들면, 국세청의 세금부과가 자의적이라면 국세청에 대한 국민신뢰는 떨어질 것이다. 과세사각지대에 대한 국세청의 판단기준이 모호하여 부패의 소지가 많기 때문이다. 특히 고소득 전문직에 대한 탈세행위를 제대로 적발하지 않거나 대기업의 불공정행위에 대한 공정한 조세부과를 하지 않는 것에 대한 우려의 목소리가 높다. 공정거래위원회의 과징금부과도 기업의 로비에 의해 줄어든다면 국민의 공정위에 대한 신뢰가 떨어질 것이다. 공정위의 과징금 부과행위의 공정성에 신뢰를 보내기 어려운 사례가 있기 때문이다. 한겨레 신문(2010년 7월 26일자 사설, '공정위 전속고발권' 폐지할 때가 됐다)에 따르면 "2005년 이후 하도급법 위반으로 공정위에 접수된 사건은 9800여건에 이르지만, 과징금이 부과된 사례는 44건, 고발된 사례는 11건에 불과하다"고 한다. 또한 식품의약품안전청의 각종 판단이 소비자와 기업에 큰 혼란을 초래한 경우도 많다.[50] 어떤 식품의약관련 안전사고가 발생할 때 여기에 정부가 어떻게 대처해 왔고, 어떤 문제점이 정확한 조사결과가 나왔다는 것을 적절한 시점에 충분히 알려야 한다. 그렇지 않으면 이에 대한 불안감과 공포가 커지고 정부에 대한 불신이 깊어지기 때문이다. 이러한 일련의 사건들은 정부신뢰를 떨어뜨리는 원인이 된다. 이처럼 국가 핵심기관의 정책기준 설정과 집행에 있어 객관성과 타당성이 부족하면, 국민의 불신을 클 수밖에 없고, 이는 전반적 정부신뢰의 하락으로 이어진다.

---

50) 멜라민 공포에 대한 당시 식약청의 과장된 공포조장과 허술한 안전관리시스템에 대해 언론과 국민의 불만이 쏟아졌다. 이러한 어설픈 정부의 대응은 신문사설에서도 잘 나타난다.
"소비자들보다 식약청이 더 놀라 법석을 떨고 있으니, 국민 모두가 '멜라민 공포'에 사로잡히고 모든 가공식품의 생산과 소비가 초토화하고 있다. 중국에서 파문이 확산되어 일본과 대만, 동남아 각국에서 이미 예방과 진단이 시작되었을 때에도 '강 건너 불 보듯' 해오던 당국이었다. 뒤늦게 '멜라민 과자'가 발견되자 속된 말로 '면피'라도 하겠다는 듯이 온 나라를 뒤집어놓고 있다." (한국일보, 2008년 9월 30일자 사설 재인용: 멜라민 공포 과장·증폭되지 않게).

4) 위험사회와 정부신뢰

(1) 위험사회와 정부신뢰

현대사회의 위험은 글로벌화로 전 세계적 차원에서 동시적으로 진행된다. 어느 한 국가만의 일로 끝나는 것이 아니다. 이러한 위험의 세계화는 정부와 같은 공식기관의 대응력을 떨어뜨려, 정부불신을 심화시키고 있다. 현대사회에 급증하는 대형사고나 사건에 대응하는 정부의 역량에 따라 정부신뢰가 큰 영향을 받기 때문이다. 그만큼 현대사회가 가진 위험속성이 정부불신을 강화하고 있다. 각종 위험에 정부가 효과적으로 대응한 사례는 드물기 때문에 위험의 증가는 정부신뢰의 감소를 초래했다고 보아야 할 것이다. 최근 한국사회에도 사건사고가 많아지면서 정부의 안전역량에 의구심을 갖게 되고 덩달아 불안심리가 커짐에 따라, 이를 제대로 해결하지 못하는 정부에 대해 불신감을 가질 수밖에 없다. 앞으로 위험사회는 정부불신을 조장하는 주요 원인이 될 수 있다.

위험과 관련된 정부의 정책이나 대응방식은 정부신뢰에 큰 영향을 준다. 위험이 불확실성을 동반하며 나아가 위험 자체가 치명적 결과를 안겨줄 경우 더욱 그렇다. 광우병이나 원전사고에 따른 피해는 그 정도가 심대하고 규모가 거대하여 위험의 경계를 설정하기 어려운 경우 더욱 그렇다. 특히 한국은 위험정도가 극단적으로 나타난 사례가 많다. 압축성장 과정에서 사회 곳곳에 잠복해 있던 각종 위험이 대형사고로 이어진 사례가 많기 때문이다. 국민 누구나 기억할만한 것으로 삼풍백화점 붕괴, 성수대교 붕괴, 태안반도 허베이 스피리트호 기름유출, 대구지하철 화재참사 등을 들 수 있다. 이러한 대형사건이나 사고 이후 이를 제대로 관리하거나 통제하지 못한 정부에 대한 비판이 쏟아지면서 정부신뢰는 크게 훼손되었다고 보아야 할 것이다.

(2) 신뢰와 위험에 대한 인식

위험에 대한 인식은 사회신뢰나 제도신뢰와도 연관되어 있다(구혜란, 2010). 대개 사회를 불신하는 집단일수록 각종 위험을 더 위험하다고 생각한다. 특히 폭력사건이나 사이버범죄의 경우 사회불신 집단에서 그 위험을 더 크게 인식한다는 것이다. 사회에 대한 일반신뢰뿐만 아니라 정부와 그 밖의 공적 기관에 대한 제도신뢰에 있어서도 동일한 결론이 나온다. 제도신뢰가 낮은 집단일수록 위험을 더 크게 인식한다. 특히 제도신뢰의 경우 제도와 관련된 위험일 경우 신뢰와 위험의 연관성이 크다. 다시 말해 인적재난이나 화재와 같은 위험에 대한 불안은 제도불신이 높을수록 상대적으로 더 높아진다는 것이다. 특히 경제불안, 금융불안, 실업 등 사회제도에서 비롯되는 위험은 제도불신이 높은 집단에서 당연히 그 위험을 높게 인식했다. 반면 기후변화나 환경오염에 대한 위험인식은 정부나 공적 기관에 대한 신뢰수준에 따라 크게 달라지지 않는다. 요약하면 정부나 사회에 대한 신뢰가 떨어질수록 각종 위험에 대한 불안감이 커진다는 것이다. 특히 정부나 사회시스템의 문제로 발생하는 위험의 경우 더 그렇다. 이상의 내용을 살펴보면, 신뢰수준이 위험 인식과 관련된 것을 알 수 있다.

(3) 위험에 대한 정부대응과 정부신뢰

각종 위험에 대해 정부가 제대로 대응을 하지 못하면 당연히 정부에 대한 불신이 생긴다. 특히 위험의 원인을 알지 못하거나 위험의 정도가 극단적일 때 더욱 그렇다. 1990년대 영국과 유럽에서 발병한 광우병의 경우 정부와 과학자들은 종간 전이가 일어나지 않기 때문에 인간이 광우병 위험으로부터 안전하다고 주장했다. 하지만 인간광우병이 발생하면서 정부와 과학자에 대한 신뢰가 떨어졌다. 한국의 경우도 미국산 쇠고기가 안전하다고 정부가 주장하였지만 국민은 이를 거의 신뢰하지 않았다.

각종 안전정책에 대한 신뢰가 낮다면 유관 위험에 대한 불안감이 커질 수밖에 없다. 식품안전정책을 불신할수록 조류독감이나 광우병에 대한 불안감도 높다(조병희, 2010). 위험수준을 통제한 후, 신뢰가 부족하면 위험인식이 증폭된다는 것이다. 다시 말해 객관적 위험수준이 존재하지만, 위험을 통제하거나 예방하는 정부나 제도에 문제가 있다면, 그 위험에 대한 주관적 인식은 강화될 수밖에 없기 때문이다. 반면 동일한 위험이라도 정부나 사회에 대한 신뢰가 높으면 오히려 이를 과소평가할 수도 있는 것이다.

(4) 위험관리와 정부신뢰의 확보

위험에 대처하는 정부의 위기관리능력은 정부신뢰에 영향을 준다. 그동안 각종 위험에 대처하는 과정에서 정부의 미숙한 대응이나 오도된 오류로 인해 피해가 커지고 위험이 확산되면서 정부불신이 증폭된 사례가 많다.[51] 지금까지 연구에 의하면 정부는 불확실성과 예상되는 피해나 불안이 큰 위험관리에 있어 다음과 같은 대처방안을 제시한다(정진성 외, 2010: 271-273).

첫째, 위험의 내용을 제대로 알리고 전달하는 소통능력이다. 여기서 무엇보다 투명한 절차를 거치는 것이 매우 중

51) 과거 일본의 경우 원전관련 각종 사고를 은폐하거나 축소하여 국민에게 알림으로써 불신을 초래한 경우가 있다. 저팬타임스 위클리의 시마츠 요이치 전 편집장에 따르면 일본은 1987년 후쿠시마 원전사고, 1996년 이바라키현 원전사고를 축소·은폐했다. 지난 10년간 도쿄전력도 원전과 관련한 많은 사실을 은폐했다고 한다(국민일보, 사설: 은폐·축소가 악화시킨 原電사고, 2011년 3월 17일자). 그 이유는 일본 국민에게 공포감을 조성할 우려가 있기 때문이라는 것인데, 이는 오히려 국민의 불신을 더 키울 수밖에 없다. 그동안 일본 정부와 도쿄전력은 사실과 다르게 원전 안전성을 선전하는데만 치중했고, 사고가 날 경우 그 실상을 투명하게 공개하지 않아 국민의 불신을 키웠다. 한국 정부도 일본 후쿠시마(福島) 제1원자력발전소 사고의 영향이 한반도에 미미할 것이며, 실제 한반도까지 방사성 물질이 오기는 쉽지 않을 것이라 단언했다(국민일보, 2011년 3월 30일자 사설: 방사성 물질 검출에 차분한 대응을). 그러나 북극을 거쳐 한반도로 방사선 물질이 유입된 것으로 알려졌고, 정부도 이를 인정했다. 후쿠시마(福島) 제1원자력발전소 사고 여파로 최근 전국 각지에서 방사성 물질이 검출됐다. 2011년 3월 23일 극미량의 방사성 제논(Xe)이 강원도에서 검출되었고, 세슘(Cs)도 확인됐다. 요오드(I)는 전국 곳곳에서 측정된 것으로 알려졌다. 결국 정부가 일본의 원전사고로부터 안전하다는 주장에 매몰된 나머지 잘못된 예측을 한 것이다. 원전사고와 같은 극히 위험한 사안의 경우 국민과 함께 적극 소통하여 국민이 두려워하는 부분에 대해 정확하고 신속하게 사안을 파악하여 그 실상을 공개해야 정부신뢰가 유지될 수 있다.

요하다. 둘째, 투명성에 더하여 개방원칙에 따라 다양한 목소리를 가진 전문가와 일반시민의 참여를 적극 장려하고 정부와 쌍방향 소통을 해야 한다. 셋째, 위험관련 자료와 그 해석에 있어 객관성과 타당성을 최대한 확보하는 것이 중요하다. 여기서 자료의 객관성과 타당성은 일정 부분 절차의 투명성과 참여에 따라 영향을 받는다. 아무리 객관성이 확보된 과학적 증거라도 절차가 투명하지 못한 일방소통 구조 속에서는 오히려 의심만 커지기 때문이다. 넷째, 맹목적 공포나 불안감이 클 경우 반복적으로 과학적 증거를 제시하고 지속적으로 소통하는 것이 중요하다. 그리고 불안을 야기하는 (심리적) 원인이 어디에서 비롯되는지 찾아 이를 적극 제거하는 노력이 필요하다. 다섯째, 정부도 위험에 대해 잘 숙지하고 있어야 한다. 이를 통해 정부역량에 대한 의구심이 생기지 않도록 해야 한다.

위험의 형태나 특성에 따라 정부의 대응 전략도 달라질 필요가 있다(정진성 외, 2010: 273 재인용). 단순형 위험의 경우 일반적 정부규제를 통해 해결할 수 있다. 복합형 위험의 경우 전문적 과학지식과 평가에 바탕을 둔 '견고성' 전략이 요구된다. 완벽하게 파악되지 않는 위험까지도 고려해서 위험을 감소시킬 수 있는 견고한 전략이 필요하다는 것이다. 불확실형 위험의 경우 사전예고를 통해 위험발생을 줄이고, 기습적 위험에 대한 대응능력을 높이는 전략이 필요하다. 모호형 위험의 경우 지속적 소통을 통하여 해결하는 것이

바람직하다. 특히 위험의 원인이나 피해정도에 대한 의견이 분분할 경우 상호이해를 높여 이견에 대한 갈등을 줄이는 전략이 필요하다. 나아가 위험에 대한 정부의 대응전략도 위험을 바라보는 패러다임의 특성을 고려하여 총체적으로 설계되어야 한다. 위험을 객관적이고 중립적으로 보는 기술 패러다임에 따르면 정부 전략은 우선 과학적 증거에 의해 중립적으로 판단되고 설계되어야 한다. 위험에 대한 인식과 태도를 중시하는 위험문화론에 따르면, 정부전략은 위험을 둘러싼 대상집단의 문화적 인식과 틀을 적절히 반영해야 한다. 안전문화의 실천을 중시하는 사회구성론에 따르면, 정부 전략은 안전관련 규범과 제도가 실천을 통해 잘 구성되고 운영될 수 있도록 노력하는 데 초점을 맞추어야 한다. 위험과 안전을 사회시스템의 출현이라는 관점에 주목하는 체계론을 살펴보면, 정부의 위험대처는 사회시스템의 구성과 운영 속에서 이루어져야 한다. 안전과 위험은 사회시스템에서 나타난다면 사회시스템의 적절한 설계나 운용이라는 관점에서 정부의 전략이 만들어져야 할 것이다.

5) 불평등과 정부신뢰[52)]

(1) 불평등과 신뢰수준

대개 불평등은 사회구성원간 신뢰자본을 손상시킨다. 소

52) 불평등과 신뢰에 관한 연구는 Wilkinson & Pickett(2009), Rothstein & Uslaner (2005)의 연구에 종합적으로 정리되어 있다. 그 밖에 미국 주정부의 신뢰수준과 불평등을 실증분석한 Kawachi & Kennedy(1997)의 연구도 참고할 가치가 크다.

득, 교육, 각종 자원 등에 있어 불평등이 심할수록 이를 둘러싼 구성원간 경쟁이 치열해지면서 한편으로는 갈등과 불신을 초래하기 때문이다. 이러한 자원의 불평등 분포 자체가 구성원의 이질감과 구획을 강화시켜 신뢰를 손상시키기 때문이다. 결국 불평등이 심할수록 호혜나 협력과 같은 사회자본이 손상되기 때문에 자연히 신뢰도 감소할 것이다. 또한 불평등이 심하면 정부에 대한 신뢰도 낮을 것이다. 불평등이 클 경우 정부제도나 정책에 대한 불만이 클 수 있기 때문이다. 특히 정부정책에서 부당한 대우를 받는다고 생각할 경우 또는 정부정책이 특정집단만을 위한다고 생각할 경우 정부에 대한 신뢰는 감소할 것이다. 반면 평등한 사회일수록 사회구성원 대한 관용적 태도가 형성되고 이는 협력과 호혜를 낳아 신뢰생성에도 도움을 줄 것이다.

이처럼 불평등과 신뢰는 서로 밀접한 관련을 맺는다. 양자가 서로 영향을 주고 받는 관계지만,[53] 오히려 최근 연구에 따르면 불평등이 불신을 생산하는 인과관계가 강력하게 존재하는 것 같다(Uslaner, 2002; 2005). 평등할수록 각자의 역할이 존재하고 이를 통해 하나의 구성원으로서 존재감이 부각된다. 신뢰도 그 곳에서 생겨난다. 물질적 차이나 사회적 지위의 격차는 사회구성원의 공감력을 떨어뜨린다. 각종 사회경제적 차이가 부각되지 않고 서로 어울릴 수 있어야

53) 사회자본이 많을수록 불평등이 감소한다. 신뢰와 같은 사회자본이 많은 사회일수록 불평등을 줄이기 위해 노력하기 때문이다.

신뢰가 형성될 수 있다는 것이다(Wilkinson & Pickett, 2009: 제4장 참고).

토크빌은 과거 1830년대 미국을 관찰한 후 어려울 때 서로 적극 도와주려는 한 미국의 시민을 보고 이렇게 신뢰가 두터운 사회는 미국이 평등하기 때문에 가능하다고 믿었다(Wilkinson & Pickett, 2009: 제4장 참고). 당시 최소 백인집단의 경우 지위에 상관없이 잘 어울리고, 특혜도 없었기에 자유롭게 이야기하고 잘 어울려 거대한 신뢰의 덩어리로 존재할 수 있었다. 유럽의 경우 불평등이 높은 포르투갈의 경우 10% 사람만이 대부분의 사람을 신뢰한다고 응답 반면, 불평등이 낮은 스웨덴의 경우 응답자의 66%가 신뢰한다고 응답했다(Wilkinson & Pickett, 2009: 제4장 참고). 이러한 경향은 미국 내 주(state)에서도 유사하게 나타난다. 노스다코타 주의 경우 67%가 대부분의 사람을 신뢰한다고 응답한 반면 미시시피 주의 경우 17%만 신뢰한다고 응답했다. 이처럼 미국 내에서도 불평등이 높을수록 불신도 높다는 강력한 증거를 찾아 볼 수 있다.

강한 위계문화도 신뢰를 떨어뜨리는 요소이다(Seligman, 1997). 위계 구조 속에서는 강력한 긴장관계가 형성되고, 나아가 불신이 발생하기 쉽다. 따라서 위계구조를 가진 직장이나 행정기관 내에서도 서로를 존중하고 직원이 이야기를 듣는 다양한 통로를 확보하는 것이 중요하다. 하루 2번씩 동료들과 커피타임을 갖는 스웨덴의 직장문화는 바로 이러한 위계조직 속에서 일하는 구성원의 긴장도를 낮추고 함께 편안히 이야기할 수 있는 공간을 제공한다(신필균, 2011). 여기서 신뢰가 다시 형성되는 것이다. 한국의 기업이나 관공서도 하루에 2번 커피타임을 갖는 것이 다른 어떤 개선책보다 신뢰와 공감대를 형성하는 데 도움을 줄 수 있을 것으로 보인다. 최근에는 카톨릭 등 위계적 성격이 강한 종교의 영향을 받는 사회와 그렇지 않는 사회 사이에 신뢰차이가 존재한다는 연구도 나오고 있다(La Porta 외, 1997). 그만큼 위계라는 것은 조직운영의 효율성과 사회진화과정에서 필연적으로 발생하는 부산물이지만, 이의 부작용을 해소하기 위한 각종 만남이나 토론의 장을 자연스럽게 만들어줄 필요가 있다.

(2) 복지패러다임과 정부신뢰: 보편복지와 선택복지

흔히 보편복지 또는 선별복지 논쟁이 있는데, 이는 신뢰와도 관련된다.[54] 사회구성원간 유대감이나 신뢰에 있어서 보편복지가 선별복지보다 우월하다는 것이다. 북구의 스웨

54) 보편복지는 교육이나 보건의료처럼 국민 누구나 지위나 소득에 상관없이 동일한 조건 속에서 동일한 혜택을 받는 것을 말한다. 반면 선별복지는 주로 소득을 기준으로 중위소득이나 빈곤기준에 따라 해당 집단만 혜택을 받는 것을 말한다. 여기서 받는 집단과 받지 않는 집단 사이에 괴리감이나 차별이 발생한다. 이 과정에서 부정적 낙인효과가 발생할 수 있어 전달체계의 개선을 통해 복지수혜자라는 의식을 인위적으로 억제하는 정책을 펴기도 한다. 대체로 보편복지는 육아, 보건, 교육 등에 있어서 적용될 경우 기회의 균등이라는 관점에서 긍정적 사회효과를 가져온다. 특히 사회유대감과 함께 살아간다는 의식을 심어주기에는 보편복지가 매우 바람직한 정책이다. 문제는 재원조달이다. 재원부족으로 소득 상위계층에 대해서는 복지지원을 하지 말자는 것이다.

덴, 노르웨이, 핀란드, 덴마크처럼 보편복지를 시행하는 나라의 경우 신뢰가 높다. 반면 미국처럼 선별적 복지 또는 잔여적 복지정책을 시행하는 나라의 경우 사회나 정부신뢰는 낮다. 물론 복지정책의 유형과 정부신뢰 사이의 뚜렷한 인과관계를 상정하는데 상당한 어려움이 있지만,[55] 미국과 북구 4개국을 비교하면 위와 같은 주장이 가능하다. 그 밖에 터키, 브라질, 필리핀처럼 보편적 복지시스템이 결여되어 있을 경우 사람이나 사회에 대한 신뢰수준이 낮다.[56] 신뢰수준이 낮은 국가의 경우 보편복지 프로그램과 거리가 멀다. 그런데 문제는 선별복지에서 주는 자와 받는 자로 구분되는 현상이 발생하고, 이로 인해 공동체 유대감이 오히려 훼손되는 부작용이 발생한다. 나아가 사회신뢰가 떨어지는 악순환이 일어난다(Soss, 1999). 결론적으로 현재 복지프로그램의 형태나 복지비 지출비중을 근거로 정부신뢰와의 관계를 살펴보면, 사회복지 비중이 높고 보편복지를 시행하는 나라일수록 정부신뢰가 높게 나타난다.

55) 물론 신뢰가 높은 상태에서 보편 복지가 시행되었다고 볼 수도 있는데, 이러한 양자의 관계에 대해서는 좀 더 추가 연구가 필요하다. 대체로 정부정책의 변동이나 시행은 외생변수로 간주된다. 정부정책의 특성에 따라 사회가 영향을 받는다는 논리를 따를 경우 보편-선별 복지의 차이에 따른 신뢰의 변화라는 연구가설을 인과론적으로 검증할 수 있을 것이다.

56) 노르웨이, 덴마크, 네덜란드의 국민들은 약 60%가 대부분의 다른 사람들이 신뢰할 만하다고 응답하고 있는 반면, 브라질, 필리핀, 터키의 국민들은 오직 10%만이 그렇다고 응답했다.

(3) 북구의 사례

최근 많은 국가의 사회신뢰는 하락 추세에 있다. 특히 미국에서 발견되는 사회 자본의 감소의 원인으로 경제 불평등의 심화와 관련이 있는 것으로 나타난다. 경제 불평등이 심화된 80년대에 사회신뢰 역시 큰 폭으로 감소하고 있는 것으로 나타났다. 그렇지만 북구의 경우 여전히 정부와 사회에 대한 신뢰수준이 높다. 여기에는 여러 원인이 있겠지만 무엇보다 평등한 사회여건과 보편적 복지와 같은 포용적 제도 때문일 것이다. 경쟁과 배제를 통한 성장과 성과를 추구하는 사회에서는 신뢰가 자라나기 어렵다. 한국의 경우 지독한 사교육경쟁을 보면, 학교현장에서 얼마나 불신과 편법이 난무할 것인지 짐작하기 어렵지 않다. 스웨덴의 경우 신뢰문화를 기업과 행정운영의 요체로 삼는다(신필균, 2011). 기업은 신뢰, 팀워크, 권한 이양을 주요 경영기법으로 활용한다. 하루에 두 번씩 커피타임을 갖는 직장문화는 서로에 대해 격의 없이 다양한 주제를 이야기할 수 있는 논의의 장이 된다. 이를 통해 서로를 더 잘 이해하고 좋은 의견을 수렴하며 공동체에 나은 정책이나 운영방식을 찾아내는 것이다. 사회적 합의형성에 있어서 세계에서 두각을 나타내는 나라가 스웨덴인데, 이는 사회신뢰가 아주 굳게 뿌리내리고 있기 때문에 가능하다(신필균, 2011). 한국의 경우도 비정규직이나 연금개혁 등 각종 사회경제 의제에 있어 사회합의가 필요한 곳이 많지만, 신뢰기반이 취약하여 사회합의를 도출하기가 매우 어려운 실정이다.

6) 정부-시장-시민사회와의 관계

(1) 정부-시장-시민사회의 관계에 대한 재인식

정부와 시장, 정부와 시민사회는 서로 어떤 관계를 가질 때 서로를 신뢰하고 협력할까? 이들간 관계는 민주주의와 자본주의의 역사를 고찰하는 것만큼이나 쉽지 않은 주제이다. 정부는 시장과 시민사회와의 관계에 있어 상호보완적 성격보다는 상충하는 성격을 가진 것으로 흔히 인식된다. 강한정부는 약한 시장과 약한 시민사회를 만들어낸다는 통념이다.

즉, 강한 국가일 경우 시장과 시민사회는 위축된다는 것이다. 과거 1960~70년대 개발시대의 한국이 여기에 해당될 것이다. 정부주도로 시장을 육성하고 시민사회의 기반을 마련하는 것이다. 과거 한국정부는 기업의 외화차입에 대한 보증을 섰다. 기업투자를 장려하기 위해 각종 보조금과 세제 혜택을 주었다. 기업성장에 정부가 큰 역할을 한 것이다. 당시 기업은 정부에 크게 의존했기 때문에 정부에 대해 일정부분 신뢰를 가지고 있었다. 기업이 어려울 때 정부가 무언가를 해 줄 수 있었기 때문이다. 정부를 믿을만하고 의존할 수 있는 존재로 보았던 것이다. 물론 정부의 자의적이고 예측이 어려운 정책이나 행위로 피해를 보았던 기업의 경우 정부에 대한 불신이 있었을 것이다. 반면 정부로부터 상당한 도움을 받았던 기업의 경우 정부에 대한 일정 부분의 신뢰를 가지고 있다고 보아야 할 것이다.

한편 약한 정부가 강한 시장과 강한 시민사회를 만들어 낸다는 논리도 가능하다. 그동안 한국처럼 정부가 주도하여 시장을 설계하고 배양한 경우도 있지만 오히려 서구처럼 시장이 성장하면서 정부가 이에 보조를 맞추는 경우도 있다. 정부가 부적절한 개입을 하지 않고, 강한 시민사회와 강한 시장이 형성되는 것을 도와줄 수도 있기 때문이다.

서구와 한국처럼 정부와 시장의 관계를 정부우위나 시장우위 어느 한 모형으로 정리하기는 어렵다. 정책 사안에 따라 정부가 주도하는 경우도 있고, 시장의 역할이 강조되는 경우도 있기 때문이다. 어째든 시장실패는 정부개입을 부르고 정부실패는 반대로 시장의 역할을 강조하는 양자의 관계 때문에, 시장과 정부 사이의 이러한 관계가 정부신뢰와 연관성을 갖고 있는 것은 분명한 것 같다.

(2) 정부와 시장의 관계에서 본 정부신뢰

① 정부-시장관계가 정부신뢰에 미치는 영향: 이론의 개발

정부와 시장이 서로 어떤 관계를 형성하고 유지하는 것이 정부신뢰에 도움이 되는지 파악하기는 쉽지 않다. 다만 시장으로 하여금 정부의 역할에 대한 예측성과 일관성을 기대할 수 있도록 정부가 활동한다면, 이는 정부신뢰에 긍정적 영향을 줄 것이다. 공정한 시장관리를 정부가 일관되고 유능하게 한다면, 국민과 시장이 정부에 보내는 신뢰는 높아질 것이다. 대체로 정파성에 휘둘리는 정부의 정책, 기업에 대한 과도한 세금징수, 또는 기업에 대한 불필요한 특혜로 인한 세금낭비로 재정부담이 발생할 때, 정부신뢰는 떨어질 수밖에 없다. 정부-시장관계가 정부신뢰에 어떻게 영향을 줄 수 있는지 몇 가지 논리를 살펴보자.

첫째, 시장에 대한 과도한 개입이나 혁신을 장려하는 등 시장의 강점을 훼손하는 정부의 부적절한 개입은 시장의 정부에 대한 불신을 초래할 것이다. 그동안 정부의 잘못된 정책으로 시장이 피해를 입었다면, 정부에 대한 시장의 신뢰는 감소했을 것이다. 정부의 잘못된 규제로 인해 오히려 시장의 왜곡되면 규제에 대한 비판의 목소리가 커질 것이고, 이는 정부신뢰를 감소시키는 요인이 될 것이다.

둘째, 반면 금융위기나 경기침체 등으로 시장이 제대로 작동하지 않을 경우 시장으로부터 정부에 대해 각종 지원을 요구한다면, 이는 정부에 대한 최소한의 신뢰가 있기 때문에 가능할 것이다. 한편 정부는 기업에 각종 세제혜택이나 보조금을 주는 경우가 많다. 그런데 정부의 이러한 지원이 구조화되고 이에 대한 기업의 정부의존성이 커진다면 정부와 기업사이의 밀접한 관계가 만들어진다. 이러한 관계는 유착관계가 될 수도 있고, 어려울 때 서로 도와주는 협력관계일 수도 있다. 그렇지만 대개 부적절한 유착관계로 변질될 가능성이 높고, 이로 인해 기업의 정부의존성은 시장에도 좋지 않는 결과를 초래한다. 어쨌든 양자의 밀접한 관계는 정부에 대한 시장의 신뢰를 담보하는 조건이 될 수도 있다. 물론 이러한 유착과정에서 부패가 심각해지면 정부에 대한 시장의 신뢰는 줄어들 것이다. 한때 정부주도의 시장형성의 역사를 가진 나라들 대부분은 정부에 대해 기업이 과도하게 의존하는 측면이 있다. 한국의 경우 삼성처럼 오히려 거대재벌로 성장하여 정부의 자율성을 옥죄는 경우도 있지만, 다른 한편으로 정부지원금에만 의존하는 시장에서 퇴출되어야할 중소기업도 있다. 미국의 경우도 2008년 금융위기 당시 시티은행이나 GM 등 거대 기업에 연방정부가 거액의 금융지원을 한 적이 있다. 경제위기시 미국정부가 시장의 구원투수 역할을 한 셈인데, 이를 통해 미국 정부의 신뢰가 올라간 것 같지 않다. 정부로부터 지원을 받은 기업이 연방정부를 얼마나 신뢰하는지도 미지수이며, 나아가 미국 국민이 연방정부의 지원을 기업과 정부의 부정적 유착관계로 보는 측면도 있기 때문이다.

셋째, 시장의 공정성과 같은 시장의 기본 원리가 제대로 작동되게끔 정부가 공정한 심판자 역할을 한다면 정부에 대한 시장의 신뢰가 쌓여 갈 것이다. 하지만 적절하고도 정당한 근거 없이 정부가 특정 기업에 대한 특혜나 제재를 가한다면 정부에 대한 신뢰는 떨어질 것이다. 예를 들면, 공정거래위원회가 기업에 부과한 각종 과징금이 기업의 로비로 삭감되거나 없어지면 정부에 대한 신뢰는 자연스레 감소할 것이다. 각종 부패가 심한 나라일수록 정부신뢰도 낮은 이유는 바로 기업과 관련된 정부의 자의적인 법집행 때문일 것이다.

② 정부-시장관계가 정부신뢰에 미치는 영향: 연구방향

정부와 시장 사이의 관계를 중심으로 정부신뢰를 예측한다고 할 때 여러 가지 연구방법을 검토할 수 있다. 이를 구체적으로 살펴보면 다음과 같다.

첫째, 국가 전체 생산에서 정부와 시장의 비중을 비교해보면 된다. 이러한 비중과 정부신뢰 사이에 어떤 연관성이 있는지 살펴보는 것이다. 선진국만을 중심으로 볼 때 북구와 같은 정부신뢰가 높은 나라는 공공부문의 비중이 높다. 그렇다고 시장규모가 상대적으로 적은 나라에서 정부신뢰가 높다고 볼 수만은 없다. 개도국의 경우, 정부비중이 높은 반면 정부신뢰는 낮기 때문이다. 이러한 연구는 국가수준의 집합단위에서 이루어지는 국가간 비교분석인데, 여기서 민간부문 비중과 정부신뢰의 집합적 특성을 파악할 수 있다.

둘째, 시장에 대한 정부의 규제 정도와 정부신뢰를 살펴보는 것이다. 대개 정부규제가 심하거나 왜곡되면 정부신뢰는 떨어진다고 보아야 할 것이다. 그렇지만 선진국은 안전이나 환경분야의 정부규제는 후진국에 비해 높은데, 이 경우도 정부규제가 정부신뢰에 부정적 영향을 준다고 보기는 어려울 것이다. 현재 세계은행에서 국가별 규제의 질에 대한 측정을 하고 있는 바, 이 지표를 활용하여 정부신뢰와의 연관성을 분석해 볼 수 있다. 그 밖에 관료의 정책집행에 관한 측정지표도 있는바, 이러한 각종 정부역량 관련 지표를 활용하여 정부역량이 정부신뢰에 미치는 영향을 시장형태에 따라 다양하게 살펴볼 수 있다. 민간영리부분의 비중, 시장개방의 정도 등에 따라 정부역량과 정부신뢰의 영향이 달라질 수 있다. 정부역량에 대한 평가가 좋으면 정부신뢰도 올라가지만, 이러한 경향은 시장기능이 약하거나 시장부문이 약할 때 두드러질 것으로 보인다. 즉, 선진국이 아닌 후진국에서 강하게 이러한 관계가 나타날 가능성이 많다.

셋째, 시장에 대한 정부의 규제나 지원과 같은 개입은 시장에 다양한 영향을 줄 수 있다. 이러한 영향은 기업경영자, 직장인, 자영업자 등 시장 내 개체의 지위에 따라 다를 수 있다. 따라서 시장에 대한 정부개입을 놓고서 시장의 각 개체에 따라 어떤 반응을 보인가를 검토하면 구체적으로 시장에 대한 정부정책이 정부신뢰에 어떻게 영향을 주는지 분석할 수 있다. 그 영향경로는 '정부정책 → 정책만족도 → 정부정책 신뢰'로 형성된다고 볼 때, 이러한 경로가 시장개체에 따라 다르게 나타날 수 있다. 정부의 규제와 지원이 대기업, 중소기업, 자영업자, 근로자에 미치는 영향이 다르기 때문이다.

(3) 정부와 시민사회

① 정부-시민사회의 관계가 정부신뢰에 미치는 영향: 이론

의 개발

정부와 시민사회의 관계는 일반적으로 긴장관계를 형성한다. 상당한 수준으로 민주주의가 성숙되어 운영되지 않는다면, 대개 정부의 성장은 시민사회를 위축시키는 길항관계가 존재한다.

첫째, 과거 한국은 시민사회가 취약해서 정부가 주도하거나 보조금을 주어 시민사회에서 각종 모임이나 제도가 형성되도록 도왔다. 당시 정부는 시민을 위해 좋은 일을 해주는 존재로 보였다. 이 경우 시민의 정부에 대한 인식도 좋았다. 반면 한국의 경우 정부 주도 경제개발과 정치과정에서 소외되거나 억압을 받았던 시민이나 시민집단도 있다. 이들은 정부에 대해 강한 불신을 가지고 있을 것이다.

둘째, 반대로 작은 정부론자에 따르면 정부축소로 강한 시장과 시민사회가 가능하다. 정부가 너무 나서면 기업이 위축되어 시장이 활성화되지 못한다. 시장의 혁신이 억제된다는 것이다. 또한 정부의 힘이 커지면 시민사회의 활동도 정부에 종속되거나 영향을 받아 정부를 감시하거나 견제하지 못한다는 것이다.

셋째, 강한 시민사회는 강한 정부를 낳고, 여기서 서로 선순환 관계가 만들어질 수도 있을 것이다. 여기서 중요한 것은 강한 시민사회와 강한 정부가 무엇을 의미하는가이다.

정부가 법집행을 공정하고 엄격하게 한다면 건강한 시민사회가 형성될 수 있기 때문이다. 또한 강한 시민사회가 형성되면 정부가 부패하지 않고 자율성을 가지고 건전한 대 시민사회 관계를 갖도록 요구할 것이기 때문이다.

② 정부-시민사회의 관계가 정부신뢰에 미치는 영향: 연구방향

첫째, 정부와 시민사회와의 관계를 중심으로 정부신뢰를 분석해 본다면, 선진국처럼 시민사회가 강할수록 정부신뢰도 높다. 반면 후진국의 경우 시민사회가 취약한데, 이 경우 정부도 부패로 오염되어 있거나 정부의 역량도 떨어져 정부신뢰 또한 낮다. 따라서 한국처럼 초기에 정부가 주도하여 소득과 교육수준 향상을 통해 시민사회 성장의 토대를 마련한 경우, 여기서 성장한 시민사회가 다시 정부의 올바른 역할을 하도록 인도하거나 제어하는 역할이 필요하다. 한국은 60~70년대 정부주도의 경제성장을 통하여 강한 정부를 지향했고, 한편으로 경제성장의 결과 시민사회의 성장도 함께 이루어졌다. 그 결과 강한 정부에 대한 민주화 압력을 넣었고, 여기서 정부는 시민사회의 요구에 맞추어 정부역할이나 역량을 적응시켜 나갔다. 이러한 과정을 통하여 강한 시민사회가 만들어지고, 이것이 다시 민주화시대에 맞는 정부역량의 재설정을 요구했다. 그런데 이 과정에서 성장한 시민사회는 정부를 불신하는 경향이 컸다. 민주화 이후 한국사회는 시민사회가 성장하면서 정부신뢰는 꾸준히 감소했기

때문이다. 나라마다 상황은 다르겠지만, 시민사회의 성장과 민주주의 확장, 경제발전 등을 중심으로 정부신뢰의 변천과정을 분석해 볼 필요가 있다. 일본, 한국, 대만 등을 중심으로 동아시아 사례를 연구해 볼 수도 있고, 그 밖에 남미나 동유럽처럼 체제전환국가의 사례도 비교분석을 해보면 정부-시민사회관계와 정부신뢰 사이에 존재하는 다양한 경로를 발견할 수 있을 것이다.

둘째, 시민단체의 규모와 역량을 중심으로 이들과 정부신뢰의 관계를 살펴볼 수 있다. 시민단체에 대한 신뢰증가가 정부신뢰의 증가 또는 감소로 이어지는지 그 여부를 판별할 수 있다. 대체로 한국의 경우 시민단체에 대한 신뢰는 초기 시민단체 성장단계에서는 높았지만, 점차 그 신뢰가 감소했다. 결국 시민단체의 신뢰감소와 정부신뢰감소가 동시에 진행되고 있는 것이다. 현재 한국사회의 신뢰는 개인과 사회에 대한 신뢰와 더불어 정부를 포함한 각종 제도의 신뢰가 함께 감소하는 위기를 겪고 있지만, 여기서 시민사회의 개별 제도와 정부신뢰가 어떻게 서로 영향을 주고받는가에 대한 체계적인 분석은 적다. 앞으로 강한 시민사회가 강한 정부신뢰로 이어질 수 있는 연결고리를 찾는 것이 민주주의 확장과 심화 그리고 정부의 역량향상을 위해서도 시급하다.

(4) 한국사회 신뢰함수의 주요 원천: 검찰, 국세청, 경찰, 국정원, 공정위, 언론매체

한국사회에서 정부의 역할이 가장 크게 부각되는 곳으로 청와대를 지목하지만, 그 외에 주목해야 할 부처가 있다. 바로 검찰, 국세청, 경찰, 국정원인데, 인사청문회 대상이 될 정도로 국민의 관심이 집중되는 정부기관이다. 따라서 이들 기관에 대한 국민의 평가여부에 따라 정부신뢰가 상당히 영향을 받을 수 있다. 그렇지만 현재 이들 권력기관의 신뢰와 정부 전체의 신뢰를 분석한 연구는 드물다.

한편 공정거래위원회나 언론매체도 시장과 시민사회에 큰 영향을 준다. 공정거래위원회는 시장의 공정성과 기업활동에 큰 영향력을 행사하고 있고, 언론매체는 기업활동과 국민 개개인에 큰 영향력을 가진다. 따라서 이들 기관이 얼마나 공정하고 적절하게 본연의 임무를 수행하는가에 따라 사회신뢰가 크게 달라질 수 있다. 이들 기관의 역할여하에 따라 신뢰형성이 선순환구조 또는 악순환구조로 바뀔 수 있다. 언론매체의 공정성에 문제가 있다면, 공정한 사회형성이 어렵고, 이로 인해 편법이나 반칙을 하려는 동기가 유발되면서 사회전체가 불신의 늪으로 빠질 수 있다. 여기서 개인신뢰, 사회신뢰, 각종 공공기관의 신뢰를 형성하기는 매우 어려울 것이다. 그만큼 정부신뢰뿐만 아니라 사회신뢰에 있어 언론매체의 중요성이 크다고 할 것이다.

위에서 언급한 4대 권력기관, 공정거래위원회와 언론매체에 대한 신뢰가 우리 사회에서 높다고 볼 수 없다. 오히려 이들 주요 기관에 대한 불신이 크다. 앞으로 언론매체처럼 공공성이 큰 기관에 대한 신뢰를 높일 수 있는 방안을 찾아야 할 것이다. 언론매체가 바로 서면 앞으로 모든 기관의 신뢰가 선순환구조로 바뀔 수 있다.

그 밖에도 종교단체나 시민단체의 신뢰도 높일 필요가 있다. 건전한 시민사회는 바로 언론매체, 종교단체, 시민단체가 정파성에 휘둘리지 않고 민주주의 규범에 충실한 건전한 시민상식으로 운영될 때 사회 전체의 정부신뢰가 높아질 수 있다. 정부신뢰의 향상만으로는 결코 지속가능한 정부신뢰 기조를 유지할 수 없다. 신뢰받는 건전한 시민사회가 존재할 때 비로소 정부신뢰도 함께 유지될 수 있다. 시민사회에 불신이 난무할 때 정부 혼자 중심을 잡고 역량을 발휘하는 것이 한계가 있기 때문이다. 건전하지 못한 시민사회에서는 각종 로비와 정치적 압력이 정부에 계속 들어오기 때문에, 이를 지속적으로 감내할 수 있는 정부는 별로 많지 않을 것이다.

CHAPTER 05

마치면서: 정부신뢰의 주요 난제

CHAPTER 05

마치면서: 정부신뢰의 주요 난제

I 정부신뢰의 개념과 측정

정부신뢰는 여러 개념들과 혼동되어 사용되고 있고, 실제 정부신뢰와 관련성을 가진 개념을 측정하여 분석하면 높은 연관성을 파악할 수 있다.[57] 정부에 대한 신뢰와 정부에 대한 만족(satisfaction), 정부에 대한 정당성(legitimacy) 인정

57) 이에 대한 상세한 논의는 Levi & Stoker(2000: 496-498)에 잘 나와 있다.

정도 사이에도 중복되는 부분이 존재하다. Levi와 Stoker (2000)에 따르면 소외(alienation), 불신(distrust), 불만(discontent) 그리고 정치효능감(political efficacy)과 정부에 대한 신뢰(trust in government) 사이에도 상당히 중첩되는 영역이 있다.

정부신뢰의 측정이나 개념은 신뢰대상에 따라 달라진다. 정부신뢰의 대상은 정치공동체, 정부의 원리, 정부성과, 공식제도, 정치인과 행정기관장 등을 포괄하는 집합적 대상에 대한 종합 판단의 산물이다(Norris, 1999). 이러한 정부신뢰를 정치인, 기관이나 제도, 정치레짐(political regime)으로 그 범위를 분리하여 볼 수 있다. 정치인이나 정책행위자에 대한 신뢰도 정치지도자나 정책관리자 1인에 대한 신뢰인지 아니면 특정 정치인이나 정책관리자 집단에 대한 신뢰로 구분할 수 있다. 또한 정부신뢰를 정부의 효율성, 효과성, 전문성과 같은 역량(competence) 중심으로 볼 수도 있고, 다른 한편으로 정부의 공정성이나 청렴성과 같은 윤리성으로 평가할 수도 있다(Citrin & Muste, 1999). 이러한 신뢰의 대상을 종합하면 정부신뢰를 정치인의 윤리나 정치인의 역량, 특정 행정기관의 성과나 윤리, 레짐의 성과나 윤리라는 차원으로 자세히 구분할 수 있을 것이다.

한편 불신과 신뢰의 관계가 여전히 쟁점이다. 양자는 서로 신뢰 정도를 두고 연속상의 개념인지 아니면 질적으로 분리된 개념인지 애매하다. 학자에 따라서는 양자가 어떤 신뢰의 분기점을 기준으로 완전히 분리된 개념으로 본다. 신뢰와 불신은 다른 개념인데, 이 경우 중간에 신뢰와 불신도 아닌 영역이 존재하는지도 명확하지 않다.

이상의 논의를 토대로 정부신뢰에 대한 측정도 여전히 논란거리이다. 정부신뢰가 무엇에 대한 신뢰인지 명확하지 않고 다소 막연하기 때문이다. 대개 정부신뢰도 조사는 설문응답자인 일반국민에게 정부를 얼마나 신뢰하는가라는 주관적 인식을 물어본 결과 나온 자료이다. 이들 자료는 여론조사를 어떻게 하는가에 따라 그리고 문구나 자구를 어떻게 조정하는가에 따라 상당히 다른 결과가 나올 수도 있다. 최근 설문조사의 기법이 발전하여 제대로 된 과학적 조사과정을 거쳐 국민의 의견을 수렴하더라도 설문문항은 여전히 정부에 대해 어떻게 생각하는가라는 질문이 대부분이다. 이러한 질문들은 정부가 하는 일에 대해 국민들이 어떻게 인식하는지를 판단하는데 적절한 질문이기도 하다. 그러나 정부가 하는 일이 아닌 정부를 구성하는 자유민주주의 체제, 정부형태에 대한 질문은 아니다. 미국의 경우 정부가 하는 일이 아니라 헌정구조에 대한 신뢰의 경우 90% 정도의 응답자가 신뢰한다고 응답한다(Klingemann & Fuchs, 1995). 우리의 경우도 정부가 아닌 대한민국의 헌정구조 — 자유민주주의 체제 — 의 신뢰나 불신을 질문할 경우 정부신뢰 수준보다는 높게 나올 것으로 기대된다. 물론 이에 대한 추가적인 실증연구가 필요하다.

한편 숙의민주주의라는 관점에서 볼 때 과연 정부신뢰를 판단할 때 한 순간의 느낌이나 감정에 흔들려 응답한 신뢰자료에 대한 신뢰성도 재고할 필요가 있다. 진정 정부가 하는 일에 대한 정확한 정보와 자료를 바탕으로 숙의를 거친 후 응답한 정부신뢰 수준은 그렇지 않고 단순 여론조사만으로 측정한 정부신뢰 수준과는 다를 수도 있기 때문이다.

II 신뢰함수의 모형

1. 인과관계의 문제

Levi와 Stoker(2000)에 따르면 정부신뢰 연구에 있어서 실험연구(experimental studies)나 종단면 자료(longitudinal data)가 신뢰와 관련된 요인들간 인과성을 규명하는 데 중요한 정보의 원천이 된다. 정부신뢰와 관련된 요인들은 서로 얽혀 있기 때문에 비실험자료를 사용할 경우 어떤 변인이 원인이고 어떤 변인이 결과인지 식별하기가 쉽지 않다. 이러한 문제를 극복하기 위해서는 여러 혼란요인들을 통제한 후 정부신뢰에 영향을 주는 요인들을 달리하여 정부신뢰에 영향을 주는 요인을 파악할 수 있다. 또한 자료측정 상 선후관계가 분명한 종단면 자료의 경우도 정부신뢰와 관련된 변인들의 인과성을 파악하는 데 도움이 된다.

2. 나이 효과: 고령화, 시점효과, 세대효과

나이(age) 변인은 세 가지 차원의 효과를 동반한다. 첫째, 나이가 듦에 따라 나타나는 고령화 효과이다. 정부에 대한 어떤 특정 한 개인의 신뢰에는 나이가 듦에 따라 고령화로 인한 효과가 있을 것이다. 고령화에 따른 관대함이 증가할 경우 젊은 시절보다 정부에 대한 신뢰가 높을 것이다. 그 밖에도 역사적으로 정부신뢰와 관련된 사건이나 상황변화가 동일한 개인에게서 상이한 정부신뢰를 초래할 수 있다. 이러한 현상이 집합적으로 나타날 경우 코호트 집단 내(variations of intra-cohort)의 정부신뢰의 변화로 볼 수 있다. 물론 상이한 연령대에 만들어진 코호트 집단간(different cohorts) 발생하는 정부신뢰의 차이(variations between/among cohorts)도 존재할 것이다. 둘째, 어떤 시점에서 정부신뢰를 조사했는가에 따라 해당 시점의 역사적·사회적 맥락에 따라 정부신뢰는 다를 것이다. 이를 정부신뢰에 수반되는 시점효과(period effects)로 볼 수 있다. 과거 정부신뢰가 높을 시절에 조사한 정부신뢰의 응답분포는 — 동일한 성과를 가진 동일한 정부에 대해 평가를 하더라도 — 최근 정부신뢰가 낮을 때 조사했을 경우의 결과와 다를 수밖에 없다. 셋째, 구체적으로 이러한 시점효과는 응답자가 어떤 세대에 속하는가에 따라 다르다. 정부신뢰에 대한 세대효과(generation effects)인데, 이는 세대에 따라 정부권위에 대해 어떻게 생각하는지 또는 정부성과에 대해 얼마나 호의적으로(비판적으로) 평가하는지와 같은 응답이 다르게 인식되기 때문이다.

3. 미시현상과 거시현상의 연계

신뢰는 다층적으로 형성된 개념이다(Weatherford, 1992). 신뢰는 개인이라는 미시차원의 행위와 제도와 맥락이라는 거시차원의 결(성)과물이 혼합되어 만들어지는 산물이기 때문이다. 예를 들면, 정부신뢰는 정치인에 대한 신뢰와 정부기관의 성과가 결합되어 나타나는 산물이다. 이처럼 신뢰는 다층수준의 속성들이 결합된 것이며, 미시수준의 신뢰와 거시수준의 신뢰가 공존한다. 그런데 여기서 문제는 미시수준의 신뢰가 거시수준의 신뢰에 어떻게 영향을 주는지, 반대로 거시수준의 신뢰가 미시수준의 신뢰에 어떤 영향을 주는지에 대한 질문이다. 아직 미시수준에서의 정부신뢰와 거시수준에서의 정부신뢰에 대한 명확한 측정과 개념정의, 그리고 양 수준에서의 연관성에 대한 연구도 미흡하다.

표 5-3 미시수준과 거시수준에서의 정부신뢰 연관성

$T1_{tk} \rightarrow T1_{t+1,k}$	$T1_{tk} \rightarrow T2_{t+1,k}$
$T2_{tk} \rightarrow T1_{t+1,k}$	$T2_{tk} \rightarrow T2_{t+1,k}$

T1=미시수준의 정부신뢰 요소들(1,2,, 3... k개)
T2=거시수준의 정부신뢰 요소들(1,2,, 3... k개)
t=시점

4. 정부신뢰의 시대적 추세

최근 수십 년간 진행되어 온 정부신뢰의 감소는 큰 역사적 시간에서 볼 때 일종의 주기적 현상이라 볼 수 있을 것이다. 미국의 경우 1900년대 당시 정치에 대한 불신이 극에 달했다고 한다. 엽관주의의 폐해가 심했고 정당정치가 지금보다 더욱 양극화되어 있어 정치와 정부에 대한 불신이 매우 컸다(Nye, Zelikow, & King, 1997: 3). 한국의 경우도 건국 이후 한국전쟁을 거치면서 자유당이 집권했지만 선거부정과 정치부패에 대한 국민의 불만이 매우 높았다. 당시 정부신뢰에 대한 자료가 있다면 아마도 지금보다 더 낮을 수도 있다. 정부신뢰의 변화추이에 대한 역사적 자료를 바탕으로 한 연구를 통해 특정 시점에 측정된 순간적인 정부신뢰 지표가 가진 한계를 넘어 시대적 추세를 읽는 통찰력을 놓쳐서는 안 될 것이다.

5. 정부 유관기관들간 정부신뢰의 연관성

정부신뢰에 대한 연구는 중앙정부와 지방정부뿐만 아니라 유관 국가기관에 대한 신뢰연구와 함께 이루어져야 한다. 무엇보다 중앙부처와 달리 지방정부의 경우 그 신뢰수준에 있어 차이가 있다는 사실에 주목해야 한다. 중앙과 지방정부 모두 신뢰도가 하락했지만 상대적으로 중앙보다는 지방의 경우 신뢰수준이 더 높다는 것이다.[58] 중앙보다 지방정부의 경우 신뢰도 수준이 그나마 높은 이유로 여러 가지를 꼽을 수 있을 것이다. 그 중에서도 중앙보다 지방의 경우 주민과 자주 접촉하고 친근한 것이 그 이유가 될 수 있을 것 같다(예: 정치적·행정적 거리감 가설). 물론 다른 요인들도 있을 것이다. 예를 들면, 대통령이나 중앙행정부처와 달리 자치단체장이나 지방행정기관들이 주민 일상사를 위해 더 열심히 일하고 좋은 성과를 보여주었기 때문일 수도 있다. 물론 누가 더 주민을 위해 열심히 일하고 나은 성과를 얻었는지 중앙과 지방 양자의 차이를 보여주는 구체적인 과

58) 국내의 경우 중앙과 지방의 신뢰도 수준을 시계열적으로 비교하는 자료가 많지 않다. 미국의 경우 양자를 비교해보면 다음과 같다. 1964년 당시 미국의 경우 연방정부에 대한 신뢰수준은 75%로 높았다. 주정부나 지방정부도 이와 유사한 수준이었다. 그런데 1995년 여론조사에서 그 신뢰도 수준은 연방정부 15%, 주정부 23%, 지방정부 31%로 떨어졌다. 1997년 여론조사에서도 1995년과 비교할 때 신뢰수준은 약간 상승했지만 연방정부 22%, 주정부 32%, 지방정부 38%로 지난 1960년대와 비교할 때 상대적으로 크게 떨어졌다(Nye, 1997: 1).

학적 자료가 있어야 양자의 차이를 분명히 알 수 있을 것이다. 또한 최근 정부신뢰의 감소는 단순히 행정부뿐만 아니라 의회와 사법부의 신뢰감소와 그 추세를 같이 하고 있다. 나아가 시민사회와 시장을 구성하는 각종 제도나 기관에 대한 불신도 급속히 증가하고 있다는 점을 고려해서 정부, 시민사회, 시장에 대한 신뢰퇴락 현상을 유기적으로 연계해서 분석할 필요가 있다.[59]

III 정부는 신뢰의 대상인가 불신의 대상인가?

우리는 정부의 신뢰가 올라갈수록 좋다고 보지만, 한편으로 "정부불신(정부신뢰 감소)을 반드시 부정적으로 볼 필요가 있을까"라는 의문을 가질 수 있다.

미국의 경우 원래 정부(절대권력)에 대한 불신을 바탕으로 주민과 자치를 중시한 전통이 있다. 토마스 제퍼슨의 경

59) 중앙정부, 지방정부, 입법부나 사법부 등 신뢰수준은 다양한 기관이나 제도에 따라 상당한 차이를 보인다. 입법, 행정, 사법 등 광의의 정부신뢰 수준을 살펴보면 대체로 사법부가 상대적으로 제일 높고, 다음으로 행정부, 마지막으로 입법부가 가장 낮다. 행정부에 있어서도 중앙과 지방정부가 있고 중앙정부의 경우도 여러 다양한 중앙행정기관들이 존재한다. 이들 기관마다 신뢰수준이 동일하다고 볼 수는 없다. 그래서 중앙정부의 전체를 묻기도 하지만 신뢰조사에 유형에 따라 국세청, 경찰청, 검찰청과 같이 시민생활과 밀접한 관계를 가진 기관에 대해 그 신뢰수준을 일반 행정부와 분리해서 살펴볼 필요가 있다.

우 강력한 연방정부를 주창한 해밀턴과 달리 특히 작은정부론을 주창하면서 정부역할은 최소에 그쳐야 한다는 주장을 했다(May, 1997). 그만큼 정부 자체가 커지면 해악이 크다는 것이다. 작은정부론자 나아가 정부불신론자의 입장에서 볼 때 정부신뢰의 감소는 지금까지 팽창해온 정부역할에 대한 자연스런 반응인 것이다. 특히 정부불신은 정부가 하는 일과 그 일을 하는 방식에 대한 국민들의 비판이나 감시라는 긍정적 효소라고 본다면 굳이 정부신뢰 하락을 비관할 필요는 없으며 오히려 민주주의의 건강성을 대변하는 지표로 볼 수도 있다. 나아가 지나친 정부신뢰는 정부에 대한 감시를 소홀히 하여 전체주의나 정부만능주의를 초래하고 국가운영의 큰 오류를 미리 차단하지 못하는 맹점도 있을 것이다. 그러나 한편으로 정부신뢰의 감소는 정부와 국민 사이의 갈등을 조장하며 거래비용을 높여 원활한 민주주의 작동을 방해할 수도 있어 이를 손놓고 그저 방관할 수도 없는 것이다. 적정 수준의 정부신뢰나 정부불신에 대한 검토가 필요하다.

참고문헌

김왕배 · 이경용. (2002). 사회자본으로서의 신뢰와 조직몰입. 「한국사회학」. 36(3): 1-24.

김우택 · 김지희. (2001). 신뢰의 개념과 신뢰연구의 맥락, 김우택 · 김지희(편), 「한국사회의 신뢰와 불신의 구조-미시적 접근」. pp.11-52. 서울: 도서출판 소화.

김인영. (2002). 한국과 이탈리아의 (저)신뢰비교. 김인영(편). 「한국사회 신뢰와 불신의 구조: 거시적 접근」. 서울: 소화.

______. (2008). 한국사회와 신뢰: 후쿠야마와 퍼트남 논의의 재검토. 「세계지역연구논총」. 26(1): 5-29.

김지희. (2001). 한국사회의 신뢰수준, 김우택 · 김지희(편), 「한국사회의 신뢰와 불신의 구조-미시적 접근」. pp.237-276. 서울: 도서출판 소화.

박병진. (2004). 국가기구에 대한 신뢰: 근대적 요인과 탈근대적 요인. 「시민사회와 NGO」. 2(2): 87-118.

______. (2007). 신뢰형성에 있어 사회참여와 제도의 역할. 「한국사회학」. 41(3): 65-106.

박순애. (2006). 정부에 대한 이해와 정부 신뢰의 관계: 우리나라 대학생을 중심으로. 「한국행정학보」. 40(2): 73-97.

박통희. (1999). 신뢰의 개념에 대한 비판적 검토와 재구성. 「한국행정학보」. 33(2): 1-17.

______. (2008). 저신뢰(불신)의 맥락에서 정책과정 참여와 정부위원

회. 한국행정학회 동계학술대회 발표논문.
박희봉 · 이희창 · 조연상. (2003). 우리나라 정부신뢰 특성 및 영향요인에 관한 연구. 「한국행정학보」. 37(3): 45-66.
서문기. (2001). 한국사회의 정부신뢰구조. 「한국사회학」. 35(5): 119-146.
「서울신문」. (1996). "신뢰받는 직업인" 신부 1위 · 국회의원 꼴찌/한국갤럽 조사. 2.17: 22.
손호중 · 채원호. (2005). 정부신뢰의 영향요인에 관한 연구: 부안군 원전수거물 처리장 입지사례를 중심으로. 「한국행정학보」. 39(3): 87-113.
신필균. (2011). 「복지국가 스웨덴」. 서울: 후마니타스.
유석춘 외. (2002). 「한국의 시민사회, 연고집단, 사회자본」. 서울: 자유기업원.
이달곤. (2008). 신뢰받는 정부. 최병선 · 최종원(엮음). 「국가운영 시스템: 과제와 전략」. pp.63-92. 서울: 나남.
이수인. (2010). 일반신뢰와 정부신뢰의 관계와 성별차이에 대한 탐색적 연구. 「한국사회학」. 44(4): 162-203.
이종수. (2001). 정부에 대한 신뢰와 그 결정요인. 「사회과학논집」. 32: 67-86.
이헌수. (1999). 국민의 행정신뢰에 관한 영향요인 분석: 공무원에 대한 신뢰를 중심으로. 「한국행정학보」. 33(2): 37-56.
임혁백. (1999). 신뢰와 민주주의. 「한국사회학평론」. 5: 33-48.
장수찬. (2007). 한국 사회의 신뢰수준의 하락과 그 원인: 국가 간 비교 분석적 관점에서. 「세계지역연구논총」. 25(3): 125-156.
정광호 · 이달곤 · 하혜수. (2011). 지방정부 신뢰요인의 탐색. 「한국행정학보」. 45(4): 181-202.
「조선일보」. (2002). 기관신뢰도, 시민단체 76% 가장 높아. 11.18: 6.
KBS <사회적 자본> 제작팀. (2011). 「사회적 자본」. 서울: 문예춘추사.
한준. (2003). 민주주의, 제도와 신뢰. 「신뢰연구」. 13(2): 23-31.

Abramson, P., & Inglehart, R. (1995). *Value Change in Global Perspective*. Ann Arbor. MI: University of Michigan Press.

Alesina, A., and La Ferrara., E. (2000). *The Determinants of Trust*. National Bureau of Economic Research. Working Paper. No.W7621.

Ariely, Dan. (2010). *The Upside of Irrationality*. 김원호 옮김. 「경제심리학」. 서울: 청림출판사.

Bagozzi, R. P., and Moore, D. (1994). Public Service Advertisements: Emotions and Empathy Guide Prosocial Behavior. *Journal of Marketing*. 58(1): 56-70.

Barber, Bernard. (1983). *The Logic and Limits of Trust*. New Brunswick, NJ: Rutgers University Press.

Behn, Robert. (2003). Why Measure Performance? Different Purposes Require Different Measures. *Public Administration Review*. 63(5): 586 - 606.

Blendon, R. J., Benson, J. M., Morin, R., Altman, D. E., Brodie, M., Brossard, M., and James, M. (1997). Changing Attitudes in America. In Nye, J. S., Zelikow, Philip D., and King, David C.(eds.). *Why People Don't Trust Government* (Chapter 8). Cambridge: Harvard University Press.

Bok, Derek. (1997). Measuring the Performance of Government. In Nye, J. S., Zelikow, Philip D., and King, David C. (eds.). *Why People Don't Trust Government* (Chapter 2). Cambridge: Harvard University Press.

_____. (2001). *The Trouble with Government*. Cambridge, MA: Harvard University Press.

Brehm, J., & Rahn, W. (1997). Individual-Level Evidence for the Causes and Consequences of Social Capital. *American Journal of Political Science*. 41(3): 999-1023.

Brewer, P. R., & Sigleman, Lee. (2002). Trust in Government: Personal Ties that Bind? *Social Science Quarterly*. 83(2): 624-631.

Chanley, Virginia A., Rudolph, Thomas J., and Rahn, Wendy M. (2000). The Origins and Consequences of Public Trust in Government. *Public Opinion Quarterly*. 64(3): 239-256.

Citrin, J. (1974). Comment: The Political Relevance of Trust in Government. *American Political Science Review*. 68: 973-88.

Citrin, J., & Muste, C. (1999). Trust in government. In Robinson, J. P., Shaver, P. R., and Wrightsman, L. S. (eds.). *Measures of political attitudes*. pp.465-532. San Diego: Academic Press.

Coleman, J. (1990). *Foundations of Social Theory*. Cambridge, Massachusetts: Harvard University Press.

Dalton, R. J. (2003). Political Attitude and Political Behavior. *Comparative Political Studies*. 33(7): 912-940.

______. (2000). The Decline of Party Identification. In Dalton, R., and Wattenberg, M. (eds.). *Parties without Partisans: Political Change in Advanced Industrial Democracies*. New York: Oxford University Press.

Dalton, R., & Wattenberg, M. (eds.). (2000). *Parties without Partisans: Political Change in Advanced Industrial Democracies*. Oxford: Oxford University Press.

Doney, P. M., Cannon, J. P., & Mullen, M. R. (1998). Understanding the Influence of National Culture on the Development of Trust. *The Academy of Management Review*. 23(3): 601-620.

Feldman, S. (1983). The Measure and Meaning of Trust in Government. *Political Methodology*. 9: 341 - 54.

Fehr, E., & Fischbache, U. (2004). Third-party Punishment and Social Norms. *Evolution and Human Behavior*. 25: 63-87.

Fukuyama, F. (1995). *Trust: The Social Virtues and the Creation of Prosperity* (New York: Free Press). 구승희 역. 「트러스트」. 서울: 한국경제신문사. 1996.

Gambetta, Diego. (ed.). (1988). *Trust: Making and Breaking Cooperative Relations*. Oxford: Blackwell.

Garfinkel, H. (1967). *Studies in Ethnomethodology*. Englewood Cliffs: Prentice Hall.

Glaeser, Edward L., Laibson, D., Scheinkman, J., and Soutter, C. (2000). Measuring Trust. *Quarterly Journal of Economics*. 115(3): 811-846.

Granovetter, M. (1985). Economic Action and Social Structure: The Problem of Embeddedness. *American Journal of Sociology*. 91: 481-510.

Güth, W., Schmittberger, R., & Schwarze, B. (1982). An Experimental Analysis of Ultimatum Bargaining. *Journal of Economic Behavior and Organization*. 3: 367-388.

Hardin, R. (1998). Trust in Government. In Braithwaite, Valerie and Levi, Margaret (eds.). *Trust and Governance*. pp.9 - 27. New York: Russell Sage Foundation.

Hetherington, M. J. (1998). The political relevance of political trust. *The American Political Science Review*. 92(4): 791-808.

______. (2003). Anatomy of a Rally Effect: George W. Bush and the War on Terrorism. PS: *Political Science and Politics*. 36(1): 37 - 42.

______. (2005). *Why Trust Matters: Declining political Trust and the Demise of American Liberalism*. Princeton, NJ:

Princeton University Press.

Hibbing, J. R., and Theiss-Morse, Elizabeth. (1995). *Congress as Public Enemy: Public Attitudes toward American Political Institutions*. Cambridge: Cambridge University Press.

_____. (2001). Process Preferences and American Politics: What the People Want Government to Be. *American Political Science Review*. 95: 145-153.

Huseby, B. (2000). *Government Performance and Political Support: A Study of How Evaluations of Economic Performance, Social Policy and Environmental Protection Influence the Popular Assessments of the Political System*. Trondheim, Norway: Institutt for Sosiologi og Statsvitenskap.

Inglehart, R. (1997). The erosion of institutional authority and post-materialist values. In Nye, J. S., Zelikow, Philip D., and King, David C. (eds.). *Why People Don't Trust Government* (Chapter 9). Cambridge: Harvard University Press.

_____. (1998). *Human Values and Beliefs: A Cross-Cultural Sourcebook*. Ann Arbor: University of Michigan Press.

_____. (1999). Trust, well-being and democracy. In Warren, M. E. (Ed.). *Democracy and Trust*. pp.88-120. Oxford: Cambridge University Press.

Johnson, I. (2005). Political Trust in Societies Under Transformation: A Comparative Analysis of Poland and Ukraine. *International Journal of Sociology*. 35(2): 63-84.

Jones, G. R., and George, J. M. (1998). The Experience and Evolution of Trust: Implications for Cooperation and Teamwork. *Academy of Management Review*. 23(3):

531-545.

Jones, J. M. (2003). Issues Facing State, Local Governments Affect Public Trust. October 14. 웹사이트 (http://www.gallup.com/poll/9487/issues-facing-state-local-governments-affect-public-trust.aspx).

Keltner, Dacher. (2009). *Born to Be Good: The Science of a Meaningful Life*. W.W. Norton & Company.

King, D. (1997). The Polarization of American Parties and Mistrust of Government. In Nye, J. S., Zelikow, Philip D., and King, David C. (eds.). *Why People Don't Trust Government* (Chapter 6). Cambridge: Harvard University Press.

Klingemann, H., and Fuchs, D. (eds.). (1995). *Citizens and the State*. Oxford: Oxford University Press.

Knack, S. (2003). Groups, growth and trust: Cross-country evidence on the Olson and Putnam hypotheses. *Public Choice*. 117: 341-355.

Knack, S., and Keefer, P. (1997). Does Social Capital Have an Economic Payoff? A Cross-Country Investigation. *Quarterly Journal of Economics*. 112(4): 1251-1288.

Kosfeld, M., Heinrichs, M., Zak, Paul J., Fischbacher, U., & Fehr, Ernst. (2005). Oxytocin Increases Trust In Humans. *Nature*. 435: 673 - 676.

Lawrence, Robert. (1997). Is It Really the Economy, Stupid? In Nye, J. S., Zelikow, Philip D., and King, David C. (eds.). *Why People Don't Trust Government* (Chapter 4). Cambridge: Harvard University Press.

Levi, M. (1996). Social and Unsocial Capital: A Review Essay of Robert Putnam's Making Democracy Work. *Politics & Society*. 24(6): 45-55.

Levi, M., & Stoker, L. (2000). Political Trust and Trustworthiness.

Annual Review of Political Science. 3: 475-507.

Lewis, J. D., and Weigert, A. (1985). Trust as a Social Reality. *Social Forces*. 63: 967-985.

Lipset, S. A. (1996). American exceptionalism: A double-edged sword. New York: w.w.Norton.

Luhmann, N. (1979). *Trust and Power*. New York: Wiley.

Marlowe, Justin. (2004). Part of the Solution or Cogs in the System? The Origins and Consequences of Trust in Public Administrators. *Public Integrity*. 6(2): 93 - 113.

Mansbridge, J. (1997). Social and Cultural Causes of Dissatisfaction with US Government. In Nye, J.S., Zelikow, Philip D., and King, David C. (eds.). *Why People Don't Trust Government* (Chapter 5). Cambridge: Harvard University Press.

May, Ernest. (1997). The Evolving Scope of Government. In Nye, J. S., Zelikow, Philip D., and King, David C. (eds.). *Why People Don't Trust Government* (Chapter 1). Cambridge: Harvard University Press.

Mayer, R. C., Davis, J. H., & Schoorman, F. D. (1995). An integrative model of organizational trust. *Academy of Management Review*. 20: 709-734.

Miller, Arthur H. (1974). Political Issues and Trust in Government: 1964~1970. *American Political Science Review*. 68: 951-972.

Miller, A., and Stephen B. (1991). Confidence in Government during the 1980s. *American Politics Quarterly*. 19(2): 147 - 73.

Miller, A., and Ola L. (1999). *Political Performance and Trust*. In Norris, Pippa (ed.). *Critical Citizens*. pp.204 - 216. Oxford: Oxford University Press.

Miller, T., and Michelle M. (1991). *Citizen Surveys: How to*

Do Them, How to Use Them, What They Mean. Washington, DC: International City/County Management Association.

Morin, R., and Baltz, D. (1996). Bad News Travels Fast. *The Washington Post.* Weekly Edition, 8-14 July 1996.

Mueller, J. (1970). Presidential Popularity from Truman to Johnson. *American Political Science Review.* 64(1): 18-34.

Neustadt, Richard. (1997). The Politics of Mistrust. In Nye, J. S., Zelikow, Philip D., and King, David C. (eds.). *Why People Don't Trust Government* (Chapter 7). Cambridge: Harvard University Press.

Norris, P. (1999). *Introduction: The Growth of Critical Citizens.* In Norris, Pippa (ed.). *Critical Citizens*, pp.1-30. Oxford: Oxford University Press.

Nye, J. (1997). In Government We Don't Trust. *Foreign Policy.* Fall, 99-111.

Nye, J. S., Zelikow, Philip D., and King, David C. (eds.). (1997). *Why People Don't Trust Government.* Cambridge: Harvard University Press. 박준원 옮김. 「국민은 왜 정부를 믿지 않는가」. 서울: 굿인포메이션. 2001.

Olson, Mancur. (1982). *The Rise and Decline of Nations: Economic Growth, Stagflation, and Social Rigidities.* New Haven: Yale University Press.

Orren, Gary. (1997). Fall from Grace: The Public's Loss of Faith in Government. In Nye, J. S., Zelikow, Philip D., and King, David C. (eds.). *Why People Don't Trust Government* (Chapter 3). Cambridge: Harvard University Press.

Pew Research Center. (1998). How Americans View Government: Deconstructing Distrust. (www.people-press.org/reports/

display.php3?reportid=95.).

Plein, L. C., Green, K. and Williams, D. G. (1998). Organic planning: A new approach to public participation in local governance. *Social Science Journal*. 35(4): 509-523.

Putnam, R. D. (1993a). *Making Democracy Work* (Princeton, N.J.: Princeton University Press). 안청시 외 역. 「사회적 자본과 민주주의」. 서울: 박영사. 2000.

_____. (1993b). The Prosperous Community: Social Capital and Public Life. *The American Prospect*. 13: 35-42.

_____. (1995). Tuning In, Tuning Out: The Strange Disappearance of Social Capital in America. *Political Science & Politics*. 28(4): 664-683.

_____. (2000). *Bowling Alone: The Collapse and Revival of American Community*. New York: Touchstone.

Putnam, Robert D., and Feldstein, Lewis M. (2003). *Better Together: Restoring the American Community*. New York: Simon and Schuster.

Rahn, W., and Transue, John E. (1998). Social Trust and Value Change: The Decline of Social in American Youth, 1976-1995. *Political Psychology*. 19: 545-65.

Ridley, M. (2010). The Manufacture of Virtue: Barter, Trust and Rules after 30,000 Years Ago. Chapter 3 of *The Rational Optimist*. London: Fourth Estate.

Robinson, S. L. (1996). Trust and breach of the psychological contract. *Administrative Science Quarterly*. 41: 574-599.

Rolin, K. (2004). Why Gender is a Relevant Factor in the Social Epistemology of Scientific Inquiry. *Philosophy of Science*. 71(5): 880-891.

Rothstein, Bo & Uslaner, Eric M. (2005). All For All Equality, Corruption, and Social Trust. *World Politics*. 58(1): 41-72.

Schario, T., and Konisky, David. (2008). *Public Confidence in Government: Trust and Responsiveness*. Institute of Public Policy. Report 09-2008(University of Missouri, 137 Middlebush Hall Columbia, mo 65211).

Schoon, I., & Cheng, H. (2011). Determinants of Political Trust: A Lifetime Learning Model. *Developmental Psychology*. 47(3): 619-631.

Schram, Sanford F., & Joe Soss. (2001). Success Stories: Welfare Reform, Policy Discourse, and the Politics of Research. *American Academy of Political and Social Science*. 577: 49-65.

Seligman, Adam B. (1997). *The Problem of Trust*. Princeton: Princeton University Press.

Shapiro, M. F., Sheppard, B. H., and Cheraskin, L. (1992). In Theory: Business on a Handshake. *Negotiation Journal*. 8: 365-377.

Shaw, G., and Reinhart, S. (2001). The Polls-Trends: Devolution and Confidence in Government. *Public Opinion Quarterly*. 65(3): 369-88.

Sims, H. (2001). *Public Confidence in Government and Government Service Delivery*. Ottawa, ON: Canadian Centre for Management Development.

Skocpol, T., Ganz, Marshall & Munson, Ziad. (2000). A Nation of Organizers: The Institutional Origins of Civic Voluntarism in the United States. *American Political Science Review*. 94(3): 527-546.

Soss, J. (1999). Lessons of Welfare: Policy Design, Political Learning, and Political Action. *American Political Science Review*. 93(2): 363-80.

Stevenson, Betsey, and Wolfers, Justin. (2011). Trust in Public Institutions over the Business Cycle. *American Economic*

Review. 101(3): 281 - 87

Stolle, D., and Rochon, T. R. (1998). Are All Associations Alike? Member Diversity, Associational Type, and the Creation of Social Capital. *American Behavioral Scientist*. 42(1): 47-65.

Thomas, C. W. (1998). Maintaining and Restoring Public Trust in Government Agencies and their Employees. *Administration & Society*. 30(2): 166-193.

Thompson, F. J. (1993). Critical Challenges to State and Local Public Service. In Thompson, F. J. (ed.). *Revitalizing State and Local Public Service*. San Francisco, CA: Jossey-Bass.

Uslander, E. (2002). *The Moral Foundations of Trust*. Cambridge: Cambridge University Press.

______. (2008). Trust as a Moral Value. In Castiglione, D., van Deth, Jan W., and Wolleb, G. (eds.). *The Handbook of Social Capital*. Oxford: Oxford University Press.

Uslaner, Eric M., and Mitchell B. (2005). Inequality trust, and civic engagement. *American Politics Research*. 33: 868-894.

Van de Walle, S., and Bouchaert, G. (2003). Public Service Performance and Trust in Government: The Problem of Causality. *International Journal of Public Administration*. 26(8/9): 891 - 913.

Warren, M. E. (ed.). (1999). *Democracy and Trust*. Cambridge University Press.

Weatherford, M. Stephen. (1992). Measuring Political Legitimacy. *American Political Science Review*. 86: 149-166.

Williamson, O. E. (1993). Calculativeness, Trust, and Economic Organization. *Journal of Law and Economics*. 36:

453-486.

Yamagishi, T. (1988). Exit from the Group as an Individualistic Solution to the Public Good Problem in the United States and Japan. *Journal of Experimental Social Psychology*. 24: 530-54.

Yang, K. and Holzer, Marc. (2006). The Performance-Trust Link: Implications for Performance Measurement. *Public Administration Review*. 66(1): 114-126.

Zak, Paul J., and Jensen, Michael C. (2008). *Moral Markets: The Critical Role of Values in the Economy*. Princeton University Press.

Zak, Paul J., Kurzban, Robert and Matzner, William T. (2005). Oxytocin is Associated with Human Trustworthiness. *Hormones and Behavior.* 48: 522 - 527.

Zucker, L. (1986). Production of Trust: Institutional Sources of Economic Structure, 1840-1920. *Research in Organizational Behavior*. 8: 53-111.

찾아보기

[저자약력]

정 광 호(鄭光浩)

서울대학교 사회학과 졸업(문학사)

서울대학교 행정대학원 졸업(행정학 석사)

미국 조지타운대학교 정책대학원(정책학 석사)

미국 시라큐스대학교 맥스웰대학원(행정학 박사)

현, 서울대학교 행정대학원 부교수

〈저서 및 논문〉

『장관론』(공저), 나남출판사, 2003

『바우처 연구』, 법문사, 2008

『정책학원론』(공저), 대명출판사, 2010

『바우처분석』, 법문사, 2010

“정책리터러시 함수 분석”, 행정논총, 46권 4호(2008년 12월)

“지방정부 신뢰요인의 탐색”, 한국행정학보, 45권 4호(2011년 12월) 외 다수

정부신뢰

2011년 12월 26일 초판 인쇄
2011년 12월 30일 초판 1쇄발행

저 자 정 광 호
발행인 배 효 선
발행처 도서출판 法 文 社

413-756 경기도 파주시 교하읍 문발리 526-3
등 록 1957년 12월 12일/제2-76호(윤)
전 화 (031)955-6500~6 FAX (031)955-6525
E-mail (영업) bms@bobmunsa.co.kr
(편집) edit66@bobmunsa.co.kr
홈페이지 http://www.bobmunsa.co.kr

조 판 (주)성 지 이 디 피

정가 13,000원 ISBN 978-89-18-02376-2

이 저서는 2010년 정부재원(교육과학기술부 인문사회연구역량강화사업비)으로 한국연구재단의 지원을 받아 연구 출간된 것이다(NRF-2010-330-B00031).

저자와 협의하에 인지는 생략함